JN063368

危機管理と
グローバル・ガバナンス

峯川浩子 編著

芦書房

はしがき

ここ数十年の平和・安全保障への脅威の変遷により、私たちの安全に対する理解は大きく変化した。冷戦が終結して以降、私たちは国内外で生じる紛争だけでなく、地震や地球温暖化気候変動関連の災害、サイバー攻撃による情報流出、新しい感染病などが深刻な脅威となって生命・財産、社会生活、経済を脅かす現象・出来事を目のあたりにしている。

国家安全保障が社会の平和と安定の実現のために不可欠なことに変わりはないが、今日の脅威は、安全が脅かされうる状況が国内から国境を越えて一気に拡大し、さらに大きな危機となって、個人の安全はおろか、国家、地域および国際レベルの安全が脅威にさらされる傾向にあることを示している。

その一方で、安全が脅かされうる状況を低減させる叡智や努力も存在する。新たな資源と技術の組み合わせといった研究開発により、そして災害リスク、犯罪リスク、感染リスク、事業リスクといったあらゆるリスクを想定して事前に対策を講じることにより、人命や財産損失の低減と早期の復旧・復興を図ることが可能になり得る。

本書は、常葉大学法学部において、二〇二二年四月から七月にかけて開催したユーラシア財団 from Asia の寄付講座「危機管理とグローバル・ガバナンス──政府と地域共同体の協力に向けて」の講義内容に基づくものである。講座では、私たちの平和と安全を脅かすリスクのなかから、戦争リスク、災害リスク、サイバーリスク、科学技術の発展から生じるリスクを取り上げた。あらゆる分野から多角的な講義を展開することにより、安全と平和獲得のために、国家やユーラシア地域、国際社会は、迫りくる脅威に対しどのように立ち向かい、どのような危機管理ネットワークと平和体制を構築していくべきなのかを思考させ、幅広い視座を獲得させることが本講座の目標であった。それに向けて、講師陣にはその分野で活躍されている研究者に講義を委託した。

前述したように本書は、常葉大学法学部で開催した寄付講座の講義内容に基づくものであるが、それにとどまらず、これを発展させた内容も含まれている。本書を手にすることによって、現代社会を取り巻く様々な危機と向き合うことの重要性を認識し、国内外で行われているリスクガバナンスの状況や課題についての知見を得ることができると考える。

本講座の開設、並びに本書の刊行にあたっては、一般財団法人ユーラシア財団 from Asia から助成金をいただいた。心より感謝申し上げる。また、編集にあたっては、芦書房の中山元春氏に大変お世話になった。感謝申し上げたい。

二〇二四年二月

峯川浩子

もくじ

第9章　医療・医薬品による被害者救済のためのガバナンス

第1章 大学間交流による東アジアの国際協調の促進

はじめに

現在の国際社会における行為主体は、「国家」のみではない。国境を越えた経済的・公共的活動を展開する民間企業やNGOなどの非国家主体も、そこでは欠かせない役割を果たしている。「大学」も国の枠にとどまらず学習・研究の機会を提供するという点において、国際社会の主体の一つであるといえる。本章では、この国際教育アクターとしての「大学」の役割に注目する。特に日中韓の東アジア三カ国の国際関係を念頭に置きながら、大学間交流が人々の国際認識に与える影響について、留学経験者へのアンケート調査の結果を参照しながら考えていく。

1　大学間交流と東アジアの国際関係

昨今の東アジアの国際関係は良好であるとは言い難い。各国が、領土や歴史認識、安全保障上の立場などをめぐり、幾度となく対立を繰り返していることは新聞やテレビのニュースからもよく窺える。しかし、国家間の関係性がたとえ不安定な中にあっても、市民レベルでの交友関係は年を追うごとに深まっている。たとえば、今日において日中韓各国の企業が手掛けた製品が別の国でも違和感なく使用されていることを考えれば、いかにこの地域においても企業活動が国を越え行われ、広範な交易関係が築かれているかがわかるだろう。近年では、そういった経済的な側面ばかりでなく、文化的な側面でも三カ国の関係は深化している。韓国のポップカルチャーをはじめとするエンターテインメント・コンテンツの流行はそれを象徴する現象であるといえる。

こうした市民レベルでの交流は、東アジア地域の国際協調を実現する上で重要な意味を持つ。人々の国の枠を越えた交流が深まり、市民の間に信頼関係が築かれるのならば、それが友好な国際関係の土台となり地域的な協調を促す可能性があるからである。

市民間の交流の意義を考える上で見逃せないのが、欧州の事例である。欧州では、継続的な人と人との交流が新たな仲間意識をもたらし、国と国との関係を協調的にするという「社会交流主義」を拠り所に、国を越えた人々の交流が長きにわたり促進されてきた（Deutsch et al. 1957）。その結果もたらされる他国への親近感や「ヨーロッパ人」としての一国を越えたアイデンティティーは、欧州統合の進展にも寄与しているとされる（Fligstein 2008; Kuhn 2015）。

本章の注目する「大学」も、欧州では重要な役割を担っている。欧州では、ＥＵが展開する「エラスムス計画」の下で、国境に囚われない学生の高度な流動性が確保されている。それにより、多くの人が自国の大学だけでなく、他国の大学で学ぶ機会を得ているのである。こうした枠組みを背景に、欧州ではこれまでに数多くの学生が他の国の学生との友好関係を深めてきた。まさに、ＥＵは次世代を見据えた人々の交流に投資してきたのだといえる。こうした試みが一定の成果を上げていることは、実証研究によっても裏付けられている（King and Ruiz-Gelices 2003; Van Mol 2013; Mitchell 2015）。

もちろん、これは歴史的にも文化的にも共通点の多い「欧州」という特殊な地域での成功談に過ぎない。しかし、交流が人々の間の友好関係の構築に貢献し、時に人々の間に共通の帰属意識を与えるという論理は普遍的な含意を持っており、欧州外においても否定されるようなものではない。では、他の地域においても欧州のように大学間交流は学生らの国際認識に影響を与え得るのだろうか。こうした問題意識の下で、著者らは東アジアにおける大学間交流についての共同研究を展開してきた（米沢ら 二〇一九、杉村ら 二〇二〇、杉村ら 二〇二二）。本章では、その中で行われたアンケート調査の結果に基づき、大学間交流の可能性について検討していく。

2 国際認識に関するアンケート調査

大学間交流が人々の国際認識に与える影響を分析するにあたり、注目したいのが日中韓大学間交流プログラム「キャンパス・アジア」である。「キャンパス・アジア」は欧州のエラスムス計画を参考にしつつ、東アジアにおける大学の競争力強化と相互信頼の醸成を目的に作られた日中韓三カ国の政府による大学間交流プログラムである（文部科学省 二〇一〇）。こうした制度設立の背景や趣旨から、このプログラムは大学間交流の効果についての検証が進む欧州と他地域とを対比する上で、格好の事例であるといえる。そこで、本章では「キャンパス・アジア」への参加者を対象に行われたアンケート調査の結果を参照し、大学間交流の効果について考察を進めていく。

アンケート調査の結果を見ていく前に、その概要について簡単に触れておきたい。「キャンパス・アジア」には、このアンケート調査が実施された当時、一七のコンソーシアムが存在し、それぞれが独自のプログラムを展開していた。このアンケート調査は、そのうちの一つに協力を依頼し、実施されたものである。このコンソーシアムは、日中韓各国の社会科学系の大学院によって構成されるものであり、対象学生は基本的に二つの相手先大学のうち一つの大学（日本の大学なら中国か韓国の大学）に中・長期的な留学を行うこととなっている。なお、留学の具体的な内容には大きく分けて二つの種類があり、約半年間の留学期間中に所属大学で認定される単位の取得を目指す「交換留学プログラム」と、現地の学生と同様に科目の履修や修士論文の執筆を行い、派遣先大学での修士号の取得を目指す「ダブルディグリー・プログラム」とがある。

ここで取り上げるアンケート調査は上記のプログラムを終えた、日本、中国、韓国の学生・元学生に対し、二〇一九年一二月から翌三月にかけてオンライン形式で行われたものである。なお、このアンケートでは対象者の主所属大学の現地語（日本の大学向けには日本語、中国の大学向けには中国語、韓国の大学向けには韓国語）が用いられた。回答者の内訳は、表1－1の

表1－1　アンケート対象者の内訳

日本		主たる派遣先			
		中国	韓国	計	
派遣元	日本		9	30	39
	中国	20		15	35
	韓国	18	6		24
	計	38	15	45	

（出所）　杉村ら（2021）77頁。

通りである。

以下では、アンケート調査の結果のうち、本章の主旨に関係するもののみを抽出し検討を進めることとする。具体的には、留学を経て学生・元学生にどのような国際認識の変化があったのかについて、他国や地域等に関する「親近感」、「帰属意識」、「協力意識」、「協力可能性」の四つの項目から確認していく。これら各項目の質問内容は次の通りである。

(1)　親近感

次の国や地域（日本、中国、韓国、東アジア地域全体）に対する親近感について「キャンパス・アジア」に参加する前と後でどのような変化がありましたか?

(2)　帰属意識

次の自己認識（故郷や居住地等の地域社会の一員としての意識、自国民としての意識、東アジア地域の一員としての意識、世界市民としての意識、独立した一個人としての意識）について「キャンパス・アジア」に参加する前と後でどのような変化がありましたか？

（3） 協力意識

次の国と国、地域内（日本と中国、中国と韓国、韓国と日本、日中韓三カ国、東アジア地域の国々、世界全体）の協力関係について「キャンパス・アジア」への参加前後でどのような認識の変化がありましたか？

（4） 協力可能性

次の国と国、地域内（日本と中国、中国と韓国、韓国と日本、日中韓三カ国、東アジア地域の国々、世界全体）の協力構築の可能性について「キャンパス・アジア」への参加前後でどのような認識の変化がありましたか？

なお、上記のアンケート調査は杉村ら（二〇二一）において行われたものであり、以下で提示するアンケート調査の集計結果もその際に収集されたデータを使用し作成したものである。

3　大学間交流による国際認識の変化

先ほどの質問に対する回答をまとめたものが図1－1～図1－4である。これらを提示する際には、各国の大学の特徴の違いを考慮し、派遣元大学や派遣先大学ごとに結果を提示することがより望ましいことはいうまでもない。しかし、多少の違いはあれども概ね共通した傾向が見られたため、紙幅の都合を鑑みここではそれらを考慮せず全体対象者の総計のみを提示することとする。

まず「親近感」（図1－1）について見てみよう。図を見ると、留学を経て他国や東アジア全体への親近感が強くなったと答えるものの割合はすべて五〇％を超えていることがわかる。ここからは、「キャンパス・アジア」への参加には、他国や地域に対する親近感を強化する効果があるということができる。

「帰属意識」（図1－2）を見てみると、まず、留学を経て東アジア人としての帰属意識が高まったと答えるものが多い（約七〇％）ことが確認できる。「キャンパス・アジア」への参

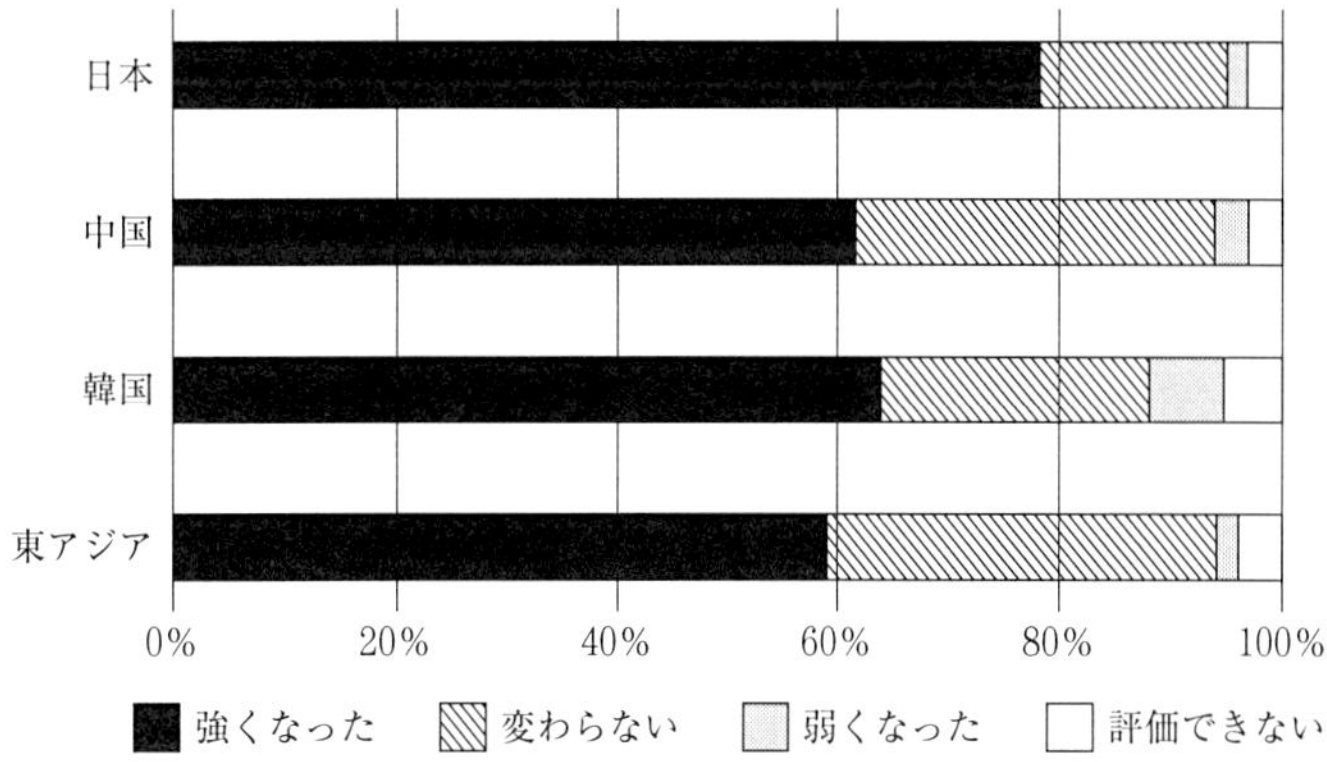

図1−1　親近感

（注）　日本、中国、韓国に対する評価については該当国から派遣されたものを除き集計した。

（出所）　筆者作成。

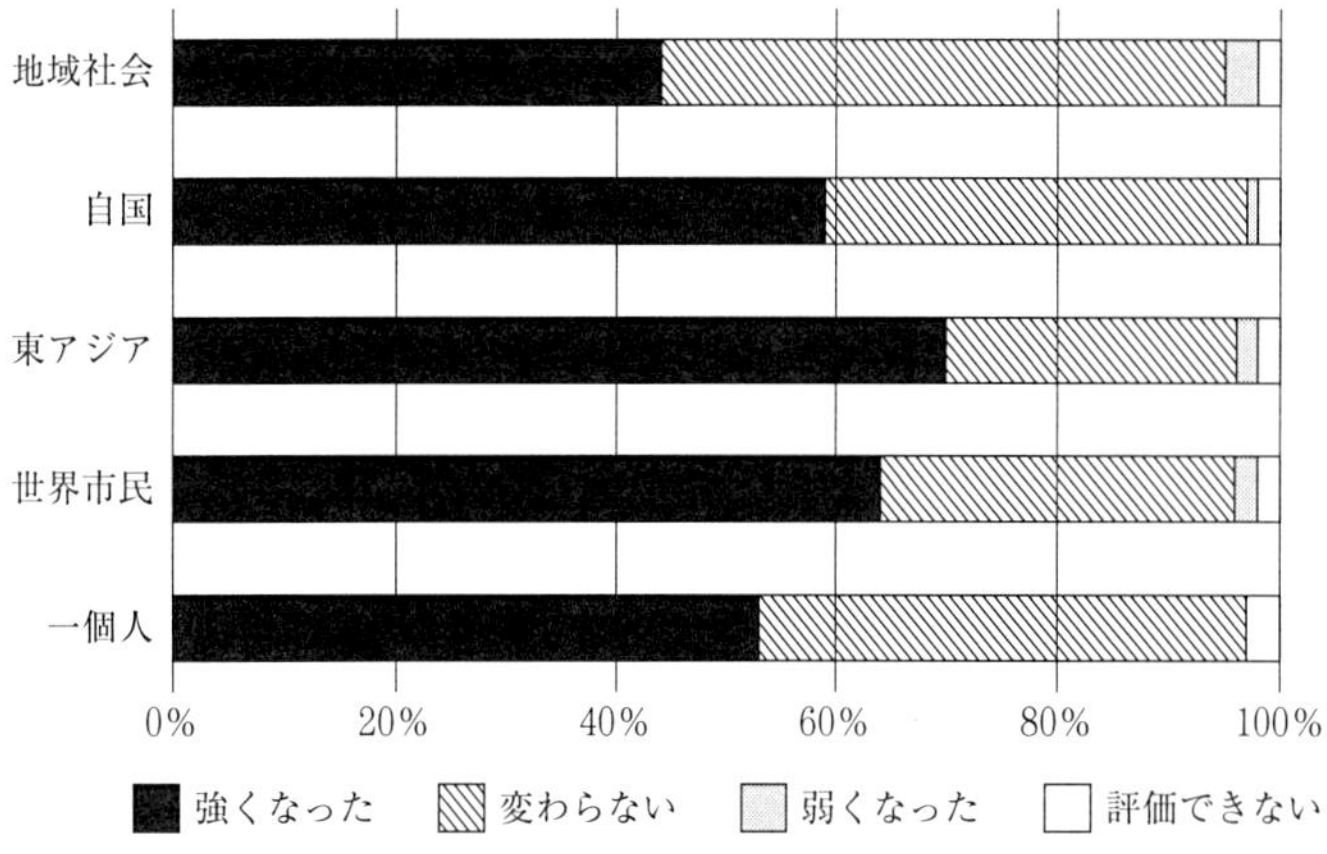

図1−2　帰属意識

（出所）　筆者作成。

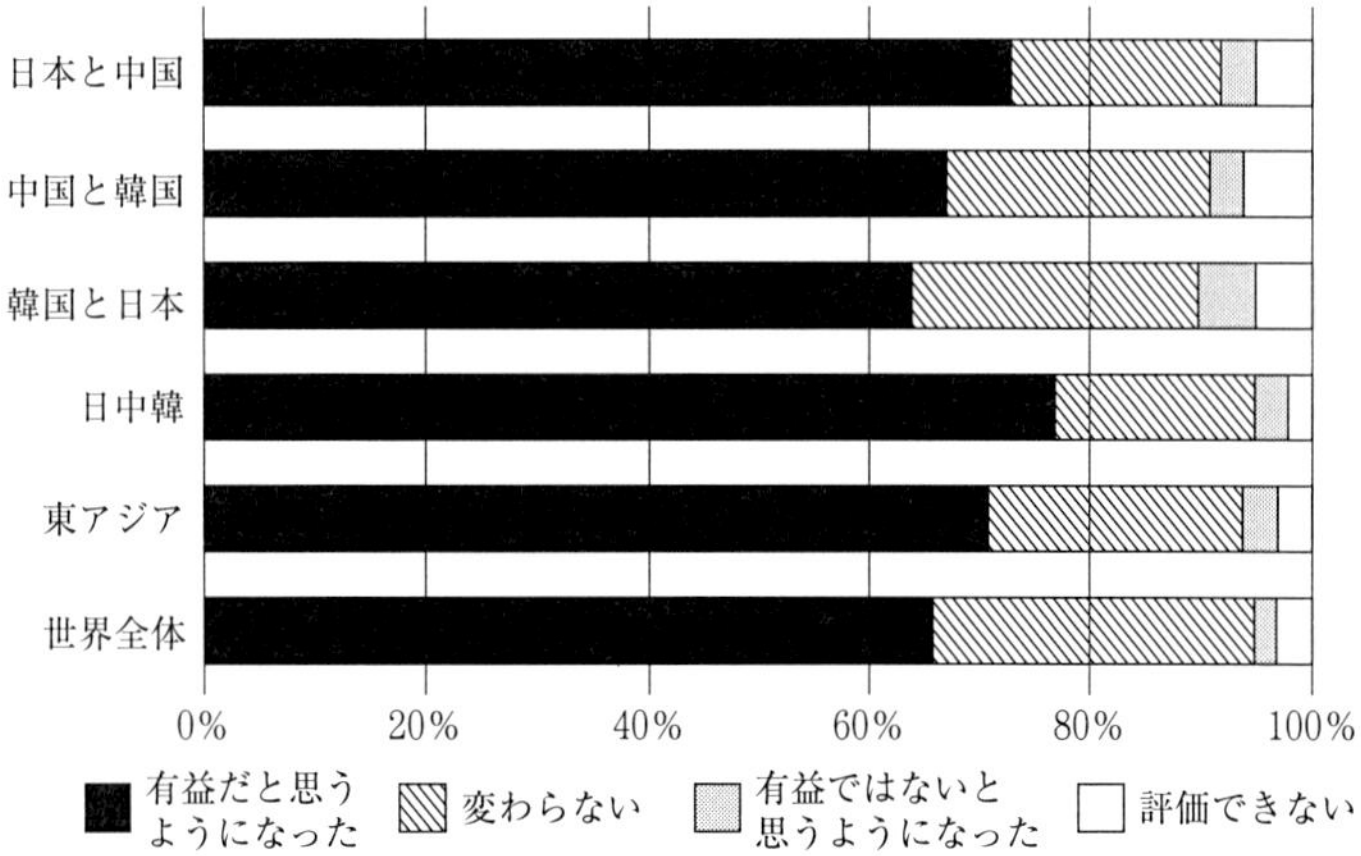

図1—3　協調意識

（出所）　筆者作成。

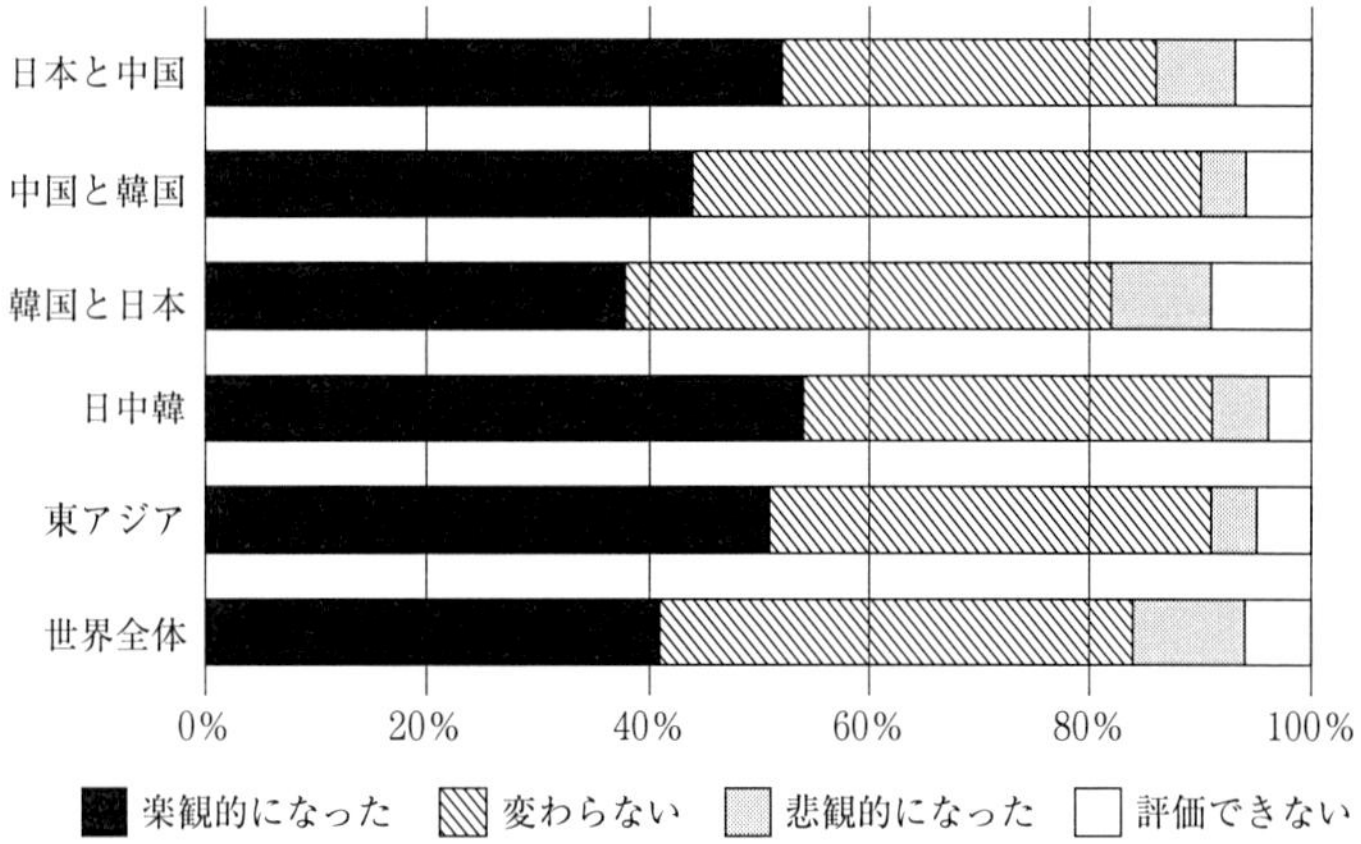

図1—4　協調可能性

（出所）　筆者作成。

加は、地域的なアイデンティティーの醸成につながっているのだと評価できよう。しかし、ここで留意すべきは他の意識にも留学経験は同様の影響を及ぼしているということである。特に、自国民としての意識や世界市民としての意識、単に一人の個人であるという意識が強まったと答えるものが五〇%を超えていることは注目に値する。ここからは、留学により様々な国の人と交流することは、国境を越えた仲間意識をもたらすのみならず、その差異を体感し、自国の独自性や一個人としての独立性を意識する機会ともなっているのだとも推察できる。

次に「協力意識」（図1－3）を見てみよう。ここでも留学を経て、各国家間、地域全体、世界全体で協力することが有益であるという意識が強まったとするものはすべて半数を超えている。「キャンパス・アジア」には東アジアという枠組みを越え国際協力志向一般を強化する効果があるのだと見做すのが妥当だろう。他方で、「協力可能性」（図1－4）はこれまでとは多少異なる結果を示している。すなわち、各国間、地域内で協力関係を築くことに対して「楽観的になった」とするものと「変わらない」とするものの割合は拮抗しており、その変化の程度は他の項目に比べ控えめなのである。その理由は定かではないのだが、留学を通じて彼ら／彼女らが国際協力への可能性とともに、そのために乗り越えなければならない課題を実感したということも考えられる。

4　国際認識を変えるもの

以上が「キャンパス・アジア」参加者を対象に行ったアンケート結果の概要である。一連の結果からは、東アジアにおいても大学間交流は人々の国際認識を友好的なものにしたり地域独自のアイデンティティーを醸成したりする機能を果たし得るのだと評価できる。しかし、このような影響が「キャンパス・アジア」参加者全体に均質にもたらされたわけではない。では、どのような場合において学生・元学生の国際認識は変わるのだろうか。

この点について、杉村ら（二〇二二）は、コミュニケーションの手段となる言語力を十分に備えている、自身の留学経験に対し満足しているなど、留学プログラムに対する適応度が高かったと考えられる学生において、国際認識に対する肯定的な変化が起きやすいことを明らかにしている。他方で、留学期間や他国の人との接触頻度といった交流機会の多さ、地域に対する理解の深化といった要因については、多くの場合において適応度よりも影響を与えていなかったとしている。

この分析結果は、国際認識への働きかけという点において、大学間交流の機能がそのプログラムの質に強く依存することを示唆している。すなわち、学生に充実感を与えられるようなプログラムが整えられることではじめて、大学は国際関係上の役割を果たし得るものとなるのである。

結びにかえて

本章では、東アジアにおいて大学間交流が人々の国際認識に与える影響を検討してきた。日中韓三カ国による大学間交流プログラムである「キャンパス・アジア」参加者を対象に行ったアンケート調査からは、このプログラムを通じた留学経験がその参加者の他国や東アジア地域等に対する国際認識をより友好的なものにしていることがわかった。先述の通り、欧州では国際協調を促す国際教育アクターとして重要視されてきたのだが、他地域においても大学は同様の機能を果たし得るのだ。

もちろん、本章の議論は「キャンパス・アジア」における個別のコンソーシアムを前提としたものに過ぎない。著者らが、対象となる学生の特徴（理科系か文化系か、大学院生か学部生か）やプログラム基本構成（一カ国のみに留学するのか二か国双方に留学するのか）といった点で特徴の異なる他のいくつかのコンソーシアムを対象に行ったアンケート調査からは、ここで取り上げた結果とは若干異なる傾向も現れている。これらの調査結果は、本章で示した以上に多様な変数が国際認識の変化に関わっていることを表している。

いずれにせよ、大学間交流は次世代を担う若者の国際認識に影響を与えるものであり、国際関係において大学が担う役割は過小評価できないものであるといえる。しかし、先述の通りこの点に関する研究は、先行欧州に比べ他の地域では非常に蓄積が少ない。東アジアの地域主義を見通すためにも、該当分野における研究の進展は不可欠となろう。

【参考文献】

杉村豪一・米沢竜也・崔恩美（二〇二二）「人的交流は国際認識を変えるのか―日中韓大学間交流プログラム「キャンパス・アジア」の試み―」『日本研究論叢』第五三巻、六三〜九三頁。

杉村豪一・米沢竜也・マスローセバスティアン（二〇二〇）「大学間交流と学生の国際認識―「キャンパス・アジア」に注目して―」『常葉法学』第七巻第一号、九七〜一二二頁。

米沢竜也・マスローセバティアン・杉村豪一（二〇一九）「北東アジアにおける国際教育協力の展開―キャンパス・アジアをめぐる政策決定過程に注目して―」『国際協力論集』第二七巻第一号、一七三〜一八八頁。

文部科学省（二〇一〇）「日中韓の質の保証を伴った大学間交流に関するガイドライン」。http://

www.mext.go.jp/a_menu/koutou/shitu/1303468.htm（最終確認日、二〇二三年一〇月一七日）。

Deutsch, K. W., Burrell, S.A., Kann, R.A., Lee, M. Jr., Lichterman, M., Lindgren, R.E., Loewenheim, F. L., and Van Wagenen, R. W. (1957) *Political Community and the North Atlantic Area: International Organization in the Light of Historical Experience*. Princeton: Princeton University Press.

Fligstein, N. (2008) *Euro-Clash: The EU, European Identity and the Future of Europe*. Oxford University Press.

King, R., and Ruiz-Gelices, E. (2003) "International Student Migration and the European 'Year Abroad' : Effects on European Identity and Subsequent Migration Behaviour," *International Journal of Population Geography*. 9(3): 229-252

Kuhn, T. (2015) *Experiencing European Integration. Transnational Lives and European Identity*. Oxford: Oxford University Press.

Mitchell, K. (2015) "Rethinking the 'Erasmus Effect' on European Identity," *Journal of Common Market Studies*. 53 (2): 330–348.

Van Mol, C. (2013) "Intra-European Student Mobility and European Identity: A Successful Marriage?," *Population, Space and Place*. 19(2): 209–22.

（杉村豪一）

第2章

第二次安倍政権と米中対立
――地政学的変容における日本の対外戦略の再編(1)――

1 米中間のパワーシフト

米国の重要な同盟国であり、中国の重要な貿易相手国でもある日本は、アジアにおける米中対立の狭間に位置している。本章では、第二次安倍政権がこのような米中対立に挟まれた地政学的な変容にどのように対応したかを考察する。

二〇二〇年八月に辞任した安倍晋三首相は、日本の憲政史上最長の任期を務めた首相である。二〇〇六年から二〇〇七年の第一次安倍政権と二〇一二年に復帰した自公連立政権の第二次安倍政権の八年超は、一つの時代となった。日本は、中国の影響力拡大を抑制するためにインド太平洋地域で積極的な役割を果たし、地政学的な変容を遂げた。安倍首相は日本外交の既存の枠組みを打破し、二〇一三年の国家安全保障戦略の発表や国家安全保障会議の設立、二〇一四年の憲法解釈の変更による集団的自衛権の行使容認および武器輸出三原則の見直しを行った。さらに、二〇一六年以降にはインド太平洋地域を中心とした新たな地政学的枠組みを築き、「自由で開かれた国際秩序」（Liberal International Order: LIO）を維持するための「自由で開かれたインド太平洋」（Free and Open Indo-Pacific: FOIP）構想を提唱する。安倍政権は、中国の台頭に対抗するために世界的なリバランス戦略を打ち出し、戦後の国際秩序の原則と制度を再構築したのである（千々和 二〇二二、Liff & Lipscy 2022、アジア・パシフィック・イニシアティブ 二〇二二）。そして、安倍政権の時代は戦後日本の外交安全保障政策における重要な転換点となった。

安倍政権の終焉から三年以上が経過したが、二〇二二年末に岸田政権が発表した安保三文書、すなわち「国家安全保障戦略」「国家防衛戦略」「防衛力整備計画」は、安倍元首相が確立した日本の外交安全保障の方針を継承しており、中国や米国に対する外交・安全保障政策の方向性は変化していない。本章は、第二次安倍政権下の二〇一三年以降、とりわけ中国の「一帯一路」構想や米国のアジア太平洋地域を基軸とした「リバランス」戦略に対する日本の対応を検討する。その上で、近年の日本の外交安全保障政策の変遷を振り返り、安倍政権のレガシーを考察したい。

2　第二次安倍政権の対中国外交―地政学的ライバルとしての中国―

二〇一〇年、中国は日本を抜いて世界第二位の経済大国となった。このような状況は以前から予期されていたが、この中国の経済的な台頭は、日本国内では国難という認識をもたらした。また、二〇一〇年以降の尖閣諸島問題(2)への民主党政権の対応と相まって、このような認識は日本の国際的な衰退と中国に対する外交的敗北とみなす政治的議論を引き起こした(O'Shea 2014)。二〇一二年、安倍首相は国際政治において日本を積極的なプレーヤーにすると公約に掲げ、自民党与党への返り咲きを果たした(安倍　二〇一三、Abe & Tepperman 2013)。このことは、戦後の平和憲法に謳われた軍事力制限の撤廃という保守的な志向を意味する。このような「戦後レジームからの脱却」によって、第二次安倍政権は、中国の台頭に対する対応策の形成と実施において主導的な役割を果たすことに成功した。

冷戦が終結すると、米国は日本の世界政治におけるプレーヤーとしての重要性が失われることを懸念し、一九九〇年の湾岸戦争や九〇年代の台湾海峡危機では自衛隊の国連平和維持活動への参加などの国際社会における安全保障に積極的な貢献を求め、日本を米国の同盟国としての軍事的な役割を拡大させる方向へと導いた（添谷　二〇一六）。また、二〇〇一年以降の米国による「対テロ戦争」および北朝鮮の核とミサイル開発および拉致問題の進展によって、日本の安全保障体制の見直し、とりわけ防衛力の強化が盛んに議論されるようになった。このような議論と政策は二〇年以上に渡って続き、安倍政権の下で二〇一二年以降、日本は中国の地域的な影響力を積極的に抑え込もうと試みた。このように、安倍首相は二〇一一年にオバマ米大統領が提唱したアジア太平洋地域への戦略的な「リバランス」（Pivot to Asia）に沿った戦略を採ることとなる（森　二〇一三）。

米国は従来、自国のプレゼンスのために中東地域に多大な資源を投入してきたが、オバマ大統領はこの「リバランス」によって、経済的・外交的な役割をアジア太平洋地域に強化しようとした（小檜山　二〇一八）。オバマ政権下の米国が米中の関係改善を目指し、二〇〇九年には「戦略・経済対話」（S&ED）を設立したが、当時すでに中国の南シナ海における漁業監視活動の活発化と大規模な軍事訓練が国際的に批判されていた。このような警戒感を背景に、オバマ政権は二〇一二年の「国防戦略指針」において「台頭する中国をにらみながら米国の戦略的基軸（strategic pivot）をアジアに移し、中国とリバランスを目指す」（小檜山　二

○一八、一一三頁）とし、外交安全保障の焦点をシフトさせたのである。
一方、二〇一三年に中国の習近平新国家主席は「一帯一路」[3]として知られる戦略を打ち出し、中国はアジア太平洋地域での影響力を拡大してきた。他方で、米国は中国との関係の見直しを検討していた。当時、二国間対立を避けるために集中的な協議が行われており、そこでは二国間関係を「G２」形式として確立することが提案されていた。二〇一三年夏、習近平は訪米して「新たな大国関係」を宣言し、米中関係を中国の核心的戦略的利益と定義した。こうした米中の取り組みについて、当初日本政府は、一九九〇年代初頭のクリントン政権と同様に「ジャパン・パッシング（Japan passing）」の再燃となるのではないかとの懸念を抱いていた。

二〇一二年一二月の当選直後、安倍首相は就任直後のワシントン訪問で、信頼できるパートナーとしての日本の復活を宣言し、「日本は今も、これからも、二級国家にはなりません」と米国に確約し、日本の経済と防衛力の強化を約束した。[4]当時、安倍首相は日本の国際的な役割を米国や他の民主主義国との効果的なパートナーとして定義し、米中対立の中で、日本を米国の積極的な同盟相手として明確に位置づけたのである。

これは安倍首相が、中国への対応において従来の行動パターンから脱却する用意があることを示していた。かつての日本の対中国政策は、開発援助と貿易関係の強化を通じて、中国を社会的・政治的に安定させ、地域の平和と安定を保証するというものであった。中国にとって日本は、ソ連との対立においても、自国経済の近代化においても不可欠な存在であった。日本は一九七二年、米国に続いて中華人民共和国と国交を正常化した。その際、日本と中国における政治エリートたちは現実的な外交政策を模索しており、政治と経済の厳格な分離（政経分離）が二国間取引の基本方針として確立された。その結果、日本の戦時中の過去をめぐる歴史認識問題や中国が領有権を主張し、日本が実効支配していた東シナ海の尖閣諸島（中国名：釣魚島）をめぐる領土問題が両国の外交関係に大きな影響を与えることはなかった（国分等　二〇一三）。

日中関係の緊張が高まったのは、一九九〇年代の冷戦終結以降である。中国は日本の安全保障政策の再編成、とりわけ防衛力強化や日米同盟強化を批判し、日本国内では中国との関係において日本の経済資源をより戦略的に活用することを求める声が高まった。さらに、尖閣諸島をめぐる紛争や戦時中の歴史認識問題は、二国間関係における政治的な火種へと変貌した。かつて現実主義的な外交を行っていたエリートたちは政界から身を引いたために危機管理はより困難なものとなり、日本では、中国はアジア地域における現実的な脅威とみなされるようになったのである（国分等　二〇一三、三船　二〇二一）。

とはいえ、二〇〇〇年代から二〇一〇年代にかけての外交危機（たとえば二〇〇一年から二〇〇六年にかけての小泉純一郎首相の靖国神社参拝、二〇一〇年の尖閣諸島付近での中国漁船と海上保安庁の衝突、二〇一二年の尖閣諸島国有化など）にもかかわらず、二国間の貿易額は増加し続けた。このように、日本の中国政策における「冷たい政治・熱い経済」（政冷経熱）は堅固であったが、安倍政権下ではこの状態は長続きしないことがやがて明らかとなる。

米中対立に対して、安倍首相は独自の戦略を策定した。その核心は、アジア太平洋地域における中国の役割を封じ込めようとするものであり、当初は米国中心の安全保障秩序を志向するものであった。第一期（二〇〇六〜二〇〇七年）の安倍首相は、「価値観外交」を掲げた。特に中国に対して経済的に遅れをとっていた日本は、価値観を独自のセールスポイントとすることで「思想的リーダー」（thought leader）としてこの地域をリードし続けることとなった（Schulze 2013）。この戦略の基礎となったのは、第一次安倍政権の外務大臣に務めた麻生太郎が描いた「自由と繁栄の弧」構想であった[5]（Hosoya 2011）。それを受けて、安倍首相は二〇〇七年八月のインド訪問に際して「二つの海の交わり」と表現して、価値観を共有する諸国家を軸に新しい地域秩序の設計図を描いたのである[6]。

第二次安倍政権発足直後、中国の軍事拠点として形成された人工島のような海洋進出を背景として、安倍首相は「南シナ海が北京の湖」になることを懸念した。そこで、安倍政権はフランス・英国・インドを巻き込むアジア太平洋の公海上の安全保障を念頭に策定された「セキュリティダイヤモンド」（Asia's Democratic Security Diamond）（Abe 2013）構想を打ち出し、第一期に構想していた地域秩序形成を復活させることとなる。この構想は、米中および日中の対立が激化する中で、日米豪印戦略対話（Quadrilateral Security Dialogue: Quad）として知られる日本、インド、オーストラリア、米国の安全保障政策協力の基礎を築いた（Prakash 2022）。そして、二〇一三年、中国による南シナ海と東シナ海での海洋進出により、国内世論は安倍政権の安全保障政策を支持する方向に傾くこととなる。安倍政権は国家安全保障戦略を策定し、中国の台頭による地政学的な変化に具体的に対処し、新たな外交安全保障政策のドクトリンとして「積極的平和主義」を掲げ、それを実現するために国家安全戦略を打ち出した。「安倍ドクトリン」は、それまでの「吉田ドクトリン」に代わるものであった（Hughes 2022; cf. 兼原　二〇一二）。吉田ドクトリンでは、外交政策は主として経済的利益であり、軍事的役割は国防に限定していた。一方、安倍ドクトリンは、地域のパートナーに対して緊密な安全保障協力と防衛費の大幅な増額による自衛隊の近代化と国防力の強化を実現し、軍事同盟の義務履行による積極的な参加を米国に約束するものであった。集団的自衛権行使容認によって、日米同盟は一層強化され、オーストラリアとの関係も「準同盟」に進化し、インド、欧州やNATOとも安全保障の連携が強化された。とりわけ、パートナーとの協力による危機管理の改善とインテリジェンス能力の強化を実現するために国家安全保障会議が新設され、国家秘密保護法が成立した（Samuels 2019）。加えて、武器輸出が二〇一四年にようやく解禁され（Sakaki & Maslow 2020）、さらに平和主義的な憲法の「再解釈」によって、安倍政権は新しい安全保障関連法を成立させた。これらは、自衛隊が同盟国とともに集団的自衛権行使に参加することを可能にした。安倍首相は、首相官邸を中心として安全保障政策を確立したのである（Pugliese 2017）。

中国との関係においては、安倍首相が政権に復帰する以前から尖閣諸島をめぐる問題で険悪な状態にあった。安倍首相は日中関係の危機を利用し、修正主義的な方針を実行に移した。その一環として挙げられるのが、二〇一三年一二月の安倍首相による靖国神社の参拝である。予想通り、この参拝は中国の激しい批判を引き起こしたが、同時に両国関係の転換点ともなった。二〇一四年以降、安倍首相は中国との関係改善を図り、安倍首相と習近平国家主席は二〇一四年一一月、北京で開催されたAPEC経済首脳会議の傍らで会談し、そこで二〇〇六年に合意された「戦略的互恵関係」が再確認された。安倍首相は中国を新たな地政学的挑戦と定義した一方で、第二次安倍政権の初期は中国との関係を安定させ、アジアにおける地政学的な対立を回避することに成功したのである（日本経済新聞　二〇一三年一月二六日付、cf. Suzuki & Wallace 2018）。

習近平は、二〇一三年に「一帯一路」構想を掲げ、日本が中心となって設立されたアジア開発銀行（ＡＤＢ）に対抗するために、二〇一五年にアジアインフラ投資銀行（ＡＩＩＢ）を設立する。それに対して、安倍首相は二〇一六年に新たな安全保障政策を打ち出し、その政策は当初「自由で開かれたインド太平洋」（Free and Open Indo-Pacific: FOIP）戦略として提示され、後に「ビジョン」[7]として実施された。これは安倍首相の就任一期目の初期の提案に基づくもので、経済的利益と安全保障上の利益をアジア太平洋からインド太平洋地域へと移し、中国の役割を封じ込めることを目的としている（Hosoya 2019; Satake & Sahashi 2021; Pugliese & Maslow 2019）。しかし、日本は、中国が追求する「量」の政策と「質」重視の日本の地域政策を競合させず、二つのアプローチが互いに補完し合うものであることを示した。安倍首相はＡＳＥＡＮ諸国で良好な関係を築いたが、ＡＳＥＡＮ諸国は日本と中国の間でいずれかの立場を取ることに及び腰であったことから、この折衷案は、主にＡＳＥＡＮ諸国

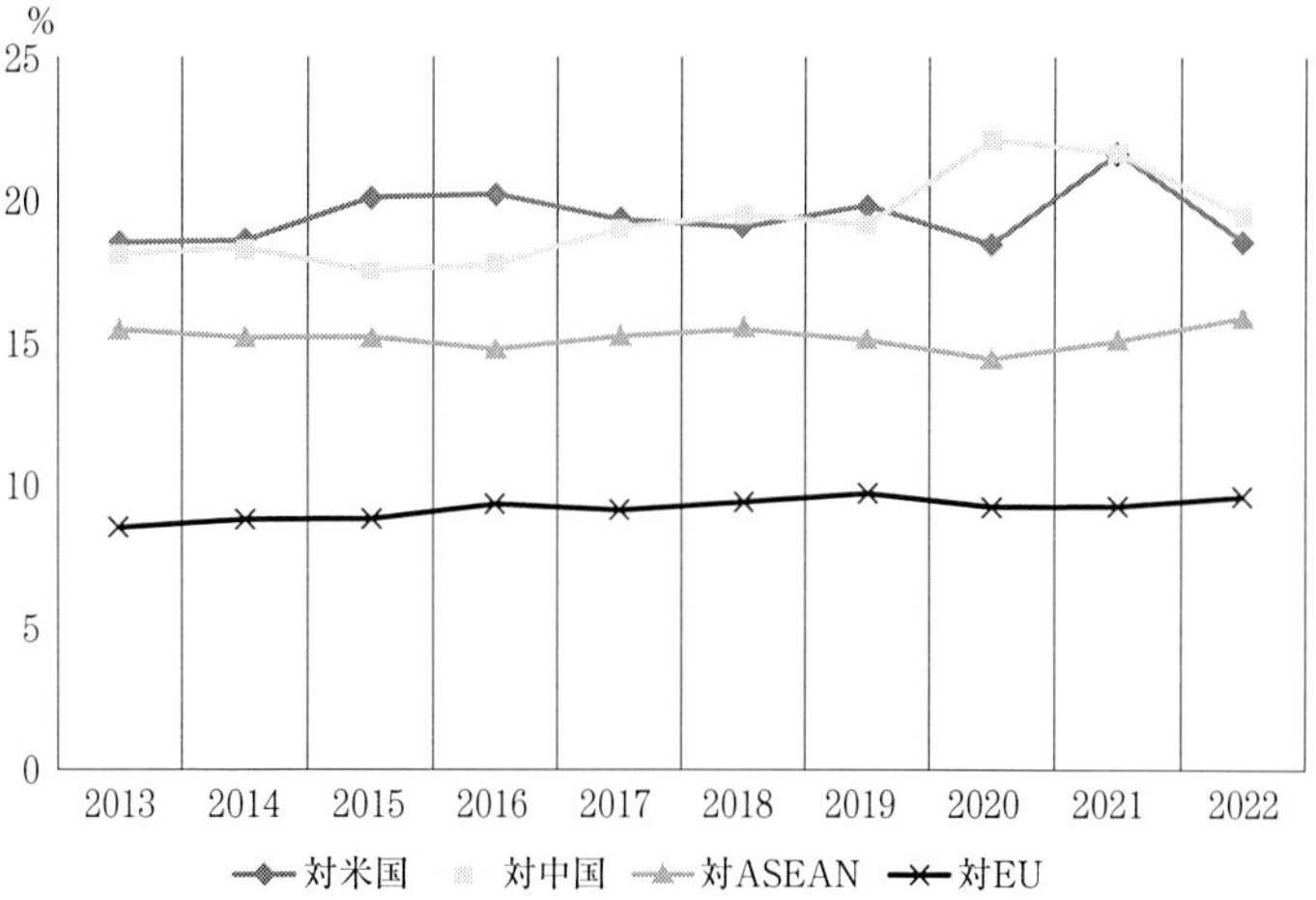

図2−1　日本の輸出に占める主要国・地域の構成比

（出所）　日本貿易振興機構（2023）に基づき、筆者作成。

をめぐる日本、中国、韓国の議論から生まれたものである（Insisa & Pugliese 2022）。

安倍首相は、二〇一八年一〇月、日本の首相による訪中としては七年ぶりとなった北京訪問を実現させた。習近平と安倍首相は、二国間関係が「正常」に回復したと宣言した。安倍首相は、中国の経済発展は日本の開発援助の成功の証であると述べた。その際、安倍首相は「歴史的使命を終えた」（『朝日新聞』二〇一八年一〇月二六日付）と述べ、隣国への政府開発援助は、二国間関係正常化からちょうど五〇年後の二〇二二年に完全に廃止されることが確認された（Yamamoto 2020）。日本は中国に三兆六五〇〇億円の

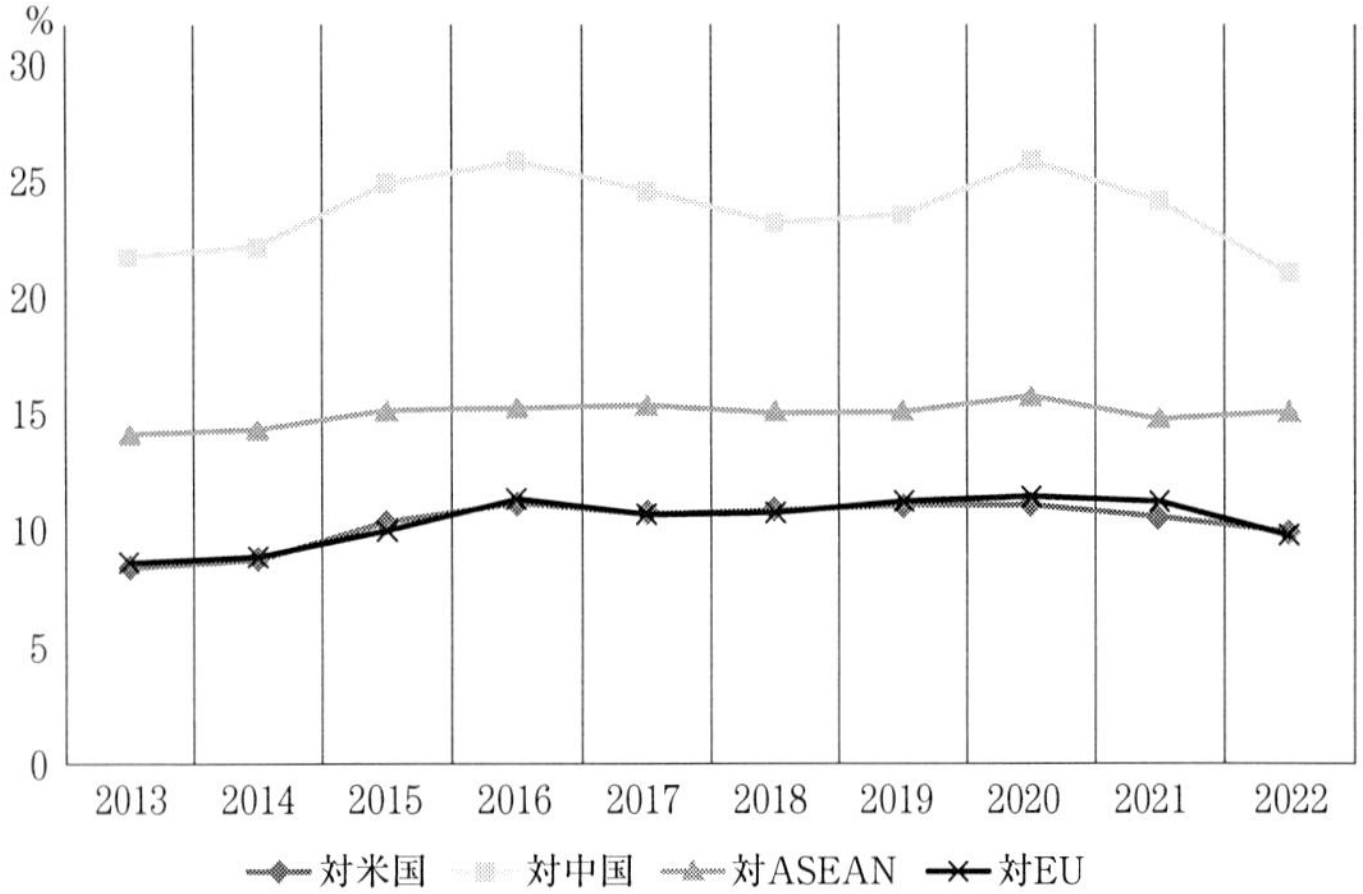

図 2−2　日本の輸入に占める主要国・地域の構成比

（出所）　日本貿易振興機構（2023）に基づき、筆者作成。

開発援助を行い（『朝日新聞』二〇一八年一〇月二三日付）、「新たな時代にふさわしい、新たな次元の日中協力のあり方」（『朝日新聞』二〇一八年一〇月二六日付）を提唱した。同年、日中の防衛当局は海空連絡メカニズムを設立し、地域のインフラ整備で協力することでも合意した。新型コロナウイルス流行前の二〇一九年には、日本を訪れる中国人観光客の数は過去最高を記録し、安倍政権の最終年であった二〇二〇年には、中国は米国（一八・四％）を抜いて日本の貿易相手国のトップとなり、輸入額は全体の二二％を占めた（図２－１、図２－２を参照）[8]。

安倍政権下で強化された中国との経済

関係は、「アベノミクス」の成功に不可欠であった。しかし同時に、安倍政権下での日本の貿易政策はますます地政学的競争の場となり、貿易のルールや関税をめぐる地域的競争において自国を位置づけるための手段となった。日本は環太平洋経済連携協定（Trans-Pacific Partnership: TPP、二〇一八年以降は環太平洋パートナーシップ包括的および先進的協定）に参加したにもかかわらず、トランプ政権下で米国はTPPを離脱することとなる。安倍政権の経済戦略は、中国との貿易や地政学的利益と密接に結び付くものに変化した（Katada 2020）。安倍首相は、中国との経済・産業政策競争の中心であった「環太平洋パートナーシップに関する包括的及び先進的な協定」（Comprehensive and Progressive Agreement for Trans-Pacific Partnership: CPTPP）への米国の復帰を常に訴えており、日本の対外経済政策は、自国産業の利益のための重商主義的戦略からグローバル・スタンダードの形成にコミットする政策へとシフトしてきた。二〇二〇年一一月、日本は中国も参加する「地域的な包括的経済連携」（RCEP）協定に参加したものの、米国は現在に至るまで参加していない。このように、日本は中国と経済的に競争している反面、長期的には中国に対する経済的利益を守ろうとしているのである。

安倍首相の後継者である菅義偉と岸田文雄は、安倍政権の路線を概ね引き継いでいる。今日、外交安全保障をめぐる議論では、中国が地政学上の中心的課題として示されている。それによれば、日本は防衛費の増額という形で安全保障政策をさらに改革し、同盟国である米国や地域のパートナーとの緊密な協力を通じて、この課題に対応しなければならないとされる。とりわけ、台湾と中国の間の緊張は、日本の安全保障政策の方向性をめぐる現在進行中の議論となっている。安倍は辞任後、台湾は日本の安全保障の中心であると繰り返し述べていた。国交正常化から五〇年が経ち、中国は今や日本の安全保障にとって「脅威」であると公に表現されている。読売新聞が二〇二二年九月六日に行った世論調査では、日本国民の八〇%以上が中国を「脅威」と見ており、ウクライナ戦争における中国の姿勢や台湾海峡での軍事演習も、日本の中国に対するイメージに悪影響を与えている。

3　第二次安倍政権下の日米同盟―積極的なパートナーとしての日本―

二〇一二年後半からの安倍首相の戦略的方向転換は、オバマ大統領の「アジア太平洋へのリバランシング」戦略に沿ったものであった。安全保障政策の変化、とりわけ集団的自衛権行使容認を実現するための憲法解釈の変更は、日本が米国との同盟により緊密な協力とより深い統合を目指した結果である。安倍首相は、中国の「南シナ海の軍事化」に対応するために、オバマ政権の航行の自由作戦（Freedom of Navigation Operation: FONOP）への支持を早期に表明した（Wirth & Jenne 2022）。武器輸出の解禁により、日本は米国や英国などとの防衛技術の共同開発に参加できるようになった。オーストラリアなどとの新たな地域同盟はオバマ大統領の基軸の補完および拡大に貢献し、二〇一三年、安倍首相はオバマ政権が支持してきたＴＰＰ協定に日本が参加することを宣言した。また、多くの欧州の同盟国とは異なり、中国が主導するＯＢＯＲ構想の資金調達メカニズムとしての中国のＡＩＩＢから距離を置いた。二〇一五年四月、日本と米国は日本の積極的同盟国としての新たな役割を反映させるために、日米防衛協力のためのガイドラインを改定した。安倍首相はアメリカ合衆国議会合同会議での演説で、この同盟を「希望の同盟」（Alliance of Hope）と呼んだ。(9) オバマ政権末期、日本は米国の安全保障上の同盟の積極的なパートナーとなることに成功し、冷戦終結以来、米国が打ち出してきた同盟の大幅な再編成を求められた。しかし、同盟が米国の政治的混乱を乗り越えられるかどうかは、オバマ政権末期にはまだ明らかではなかった。

二〇一六年、ドナルド・トランプが第四五代アメリカ大統領に選出されたことで、日米双方の同盟の担当者たちは同盟の将来を憂慮するようになった。トランプは、在日米軍の駐留経費をさらに多く拠出するように日本政府に圧力を強めることを公約に掲げて選挙戦を行った。同時にトランプは、六〇〇億ドルの対日貿易赤字を相殺するために、日本との二国間自由貿易協定を交渉したいと考えていた一方、TPPから離脱し、さらに中国との貿易戦争も煽った。日中両国は、トランプ政権との貿易紛争では同じ問題を抱えていたため、主に中国のOBOR構想への対応や二〇二〇年のRCEP協定への日本の参加など、トランプ政権の経済外交は安倍首相の二〇一七年以降の方針に影響を与えた。

それでも安倍首相は、トランプ新大統領と緊密な関係を築くことに成功し、日米防衛同盟を強固なものにした。日米同盟に新たな枠組みを与えたのは、何よりもFOIP構想であった。トランプ大統領は、オバマ大統領のアジア政策とは大きく異なる独自の政策を模索していたため、安倍首相のFOIP構想を採用した（Hosoya 2019; Pugliese & Maslow 2019）。欧州諸国、北大西洋条約機構（NATO）、欧州連合、そして韓国などアジアの国もまた、インド太平洋に向けた新たな地政学的志向に加わった。こうして安倍首相は、日本を中国との競争における新たな枠組みを設定する地政学的アイデアの輸出国にしたのである。このことは、トランプ大統領と安倍首相が同盟をさらに強化する新たな指針となった（O'Shea & Maslow 2021）。

また、日本は、北朝鮮の脅威に対抗するために米国の兵器システムの購入に依存しており、二〇一七年、北朝鮮のミサイルと核開発計画に対するトランプ大統領の思惑は、安倍首相の安全保障上の利益とリンクしていた。安倍首相は、二〇〇二年に北朝鮮が日本人拉致を認めた後、北朝鮮に対する強硬姿勢によって政治的地位を確立していたが、二〇一八年以降、トランプ大統領が北朝鮮との交渉で突然方向転換したことで安倍首相は国際的に孤立することとなる。他方で、トランプ大統領と安倍首相の中国に対する安全保障認識には一貫性しており、トランプ政権下の米国は、二〇一七年の国家安全保障戦略で中国を修正主義的大国と位置づけた。安倍政権もまた、二〇一六年の『防衛白書』で南シナ海周辺での中国の行動に「強い懸念」を表明している（『日本経済新聞』二〇一六年七月二七日付）。

このように、安倍首相はトランプ大統領の下でも同盟を安定させることに成功した。二〇一九年、オーストラリアのシンクタンクであるローウィー研究所は、安倍首相の下の日本を「スマートパワーの真髄」であり、「アジアにおける自由主義秩序のリーダー」であると評価した。(10) 安倍政権の政策は、国内においては自由民主主義的価値観とは明らかに相容れないものであったが、少なくとも対外的な認識では、トランプ時代において、安倍首相は自由で国際的秩序の安定と信頼性を支持しているというリーダーとして評価されたのである（Ikenberry 2017）。ＦＯＩＰは、日本だけでなく米国の外交政策の中核でもあり続けている。バイデン政権もまたインド太平洋へのコミットメントを宣言し、安倍首相が主導したクワッド方式は、二〇二一年にオーストラリア、英国、米国によって結成されるAUKUSという三国間の軍事同盟とともに、FOIPの下で形成される安全保障アーキテクチャーの一部としての地位を確立した。それに対して中国への対応においては、トランプ政権後の米国も安倍政権後の日本も政策の転換が見られる。二〇二一年の『防衛白書』で、日本は台湾海峡情勢について明確に「危機感」を表明した。二〇二二年二月、日本は北京オリンピックの外交ボイコットを行い、岸田首相は中国の人権問題について特使を派遣した。同時に岸田首相は、台湾のCPTPP協定への参加支持を表明した。このような動きは、日本が対中安全保障政策を米国と一致させ、中国に対してより強い圧力をかけようとしていることを示しており、ここでもまた第二次安倍政権以降、明らかに方向性が大きく転換したのである。

二〇二二年二月二四日、ロシアのプーチン大統領がウクライナを侵攻した。安倍首相は北方領土問題の解決や平和条約の締結を目指し、長年に渡ってプーチン大統領と緊密な関係を構築した。その関係は二〇一四年のクリミア半島の併合時でさえも揺るがなかったが、ロシアの姿勢が変化することはなかった。二〇二二年のロシアによるウクライナ侵攻の際、日本はロシアに対する国際的な制裁に参加し、G7議長国として「グローバルサウスと橋渡し」

（『日本経済新聞』二〇二三年五月五日付）をすることにより、ロシアに対する国際的な圧力の強化に務めた。また、ウクライナ侵攻後、アジア太平洋経済協力会議（APEC）の中で加盟国間が対立する中で、米国のバイデン政権は主にサプライチェーン（供給網）を強化するため、新経済圏構想「インド太平洋経済枠組み」（Indo-Pacific Economic Framework: IPEF）を提起した。これは、CPTPPとは異なり、IPEFが関税撤廃を目指す自由貿易協定ではないが、経済産業に関するルールや標準の設定などを目指すことによって、インド太平洋地域のそれまでの安全保障上の秩序に経済的要素を加えるものであり、岸田政権は、CPTPPにも参加しつつ、この動きにも加わっている。(11)

このように、日本はインド太平洋地域を基軸に既存の大西洋の安全保障秩序とアジア太平洋地域の同盟制度をネットワーク化し、新たな国際的安全保障秩序の形成に重要な役割を果たしつつある。さらにウクライナ紛争は、日本の安全保障政策の見直しや国防力の強化をめぐる議論、およびNATOと欧州連合との連携強化をもたらした（日本国際問題研究所編 二〇二三）。二〇二二年六月一〇日にシンガポールで開催された「アジア安全保障会議」において、岸田首相は「ウクライナは明日の東アジアかも」と強調し、「ロシアによるウクライナへの侵略が起きた。これは世界のいかなる国・地域においても決して『対岸の火事』ではない」

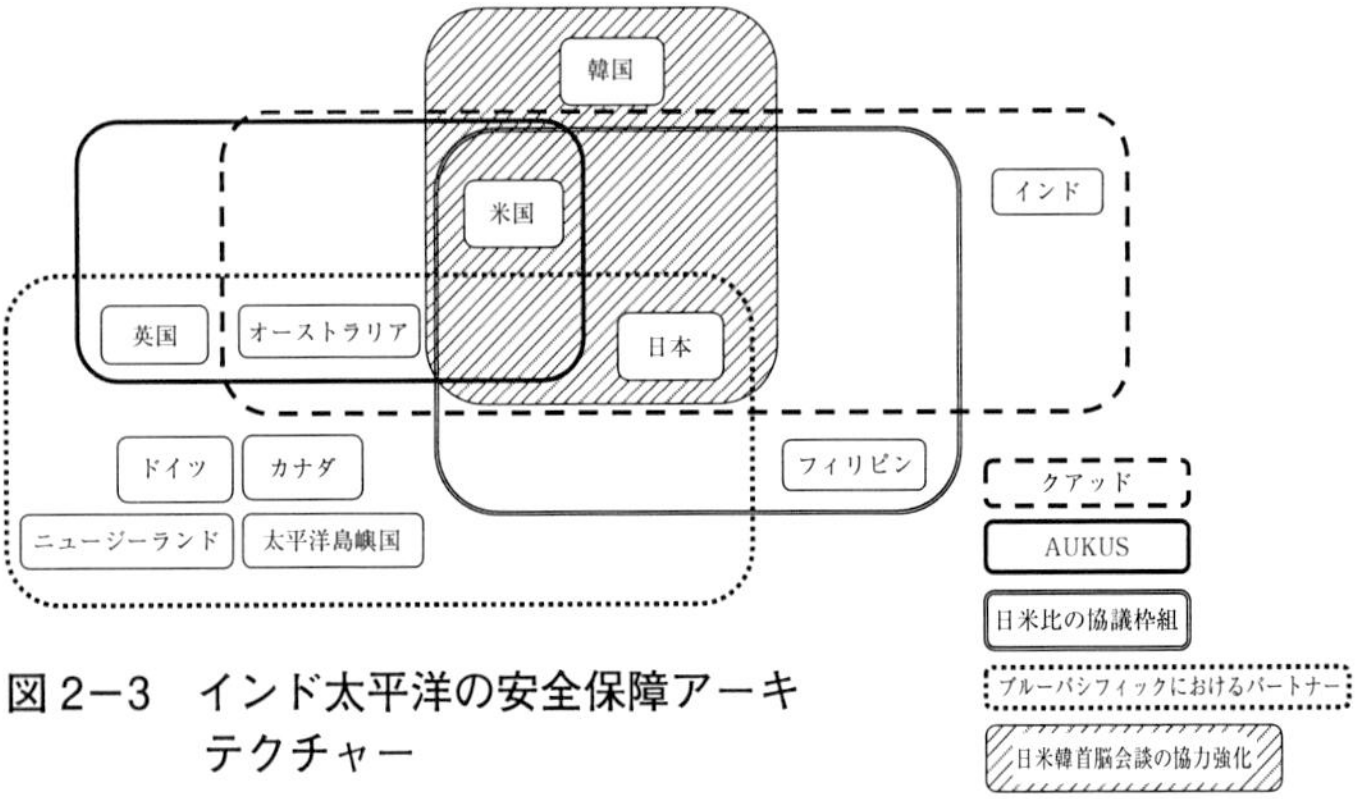

図2−3　インド太平洋の安全保障アーキテクチャー

（出所）　筆者作成。

とする基調講演を行った[12]。そして、ロシアと中国を念頭に置きつつ、岸田政権は二〇二二年一二月には安保三文書（国家安全保障戦略、国家防衛戦略、防衛力整備計画）を改定した[13]。

岸田政権は、新しい国家安全保障戦略と国防体制の一環として「敵基地攻撃能力」の保有に踏み出した。その実現のためには米国製巡航ミサイル「トマホーク」の導入を決定し、もはや専守防衛からは脱却したといえよう。岸田政権は、防衛費を二〇二三年度から五年間で総額四三兆円とする方針も打ち出した。実現すれば、日本の防衛予算はNATOと同基準である二%に達成し、これまでの一・五倍以上となる歴史的な増額となる。さらに、二〇二三年の『防衛白書』では中国への言及が最多となり、中国が「国際社会の深刻な懸念」

として位置づけられている（『朝日新聞』二〇二三年七月二八日付）。EUは中国への経済的依存を減らす「脱リスク化」（de-risking）戦略をもつが、それと同様に、岸田政権は、国家安全保障戦略の一環として半導体を含むサプライチェーンの安定を実現する「経済安全保障」にも関心を寄せている。[14] また、岸田首相は二〇二二年と二〇二三年のNATO首脳会合に出席し、NATOと欧州連合の連携強化に積極的に動いた（Sasaki 2023; Jimbo 2023）。さらに、岸田首相と韓国の尹錫悦大統領は、第二次安倍政権以来、歴史認識問題をめぐって冷え込んだ日韓関係を改善した。岸田首相は、日米韓関係を米国が築いた二国間の安全保障関係とQuadやAUKUSを中心に展開する重層的なインド太平洋地域の安全保障アーキテクチャーにさらなるアクターを加えた（図2－3を参照）。このように、安倍政権が作り出した路線は岸田政権の下でさらに定着し、欧州やインド太平洋における地政学的な変遷によって日本の安全保障体制を抜本的に変化させたのである（Green 2022; Wilkens 2022）。

4　第二次安倍政権以降の日本外交安全保障政策

第二次安倍政権は、戦後日本の外交安全保障政策の方向転換をもたらした。国際政治における積極性を主張し過去の安全保障政策論議の多くは、安倍政権下で実行に移されたからである。この点で、日本の中国や米国との関係は明らかに変化したということが指摘されうる。日本は中国に対する通商上の利益を守り続けているが、中国の指導部はもはや協力パートナーとしてではなく、日本が独自の地政学的ヴィジョンをもって対峙する政治体制上のライバルとしてみなしている。『朝日新聞』（二〇二一年九月一一日付）の世論調査によると、回答者の四七％が中国との「関係を深めるほうがよい」と答えたのに対して、四四％は「距離を置くほうがよい」と答えている。そして日中関係は「今、うまくいっていると思いますか」という質問に対して八三％「そうは思わない」と回答した。[15]この世論の食い違いは、日中関係における複雑な両義性を示している。中国は日本の安全保障にとって現実的な脅威であると同時に、経済的利益と密接に結びついている。

これと並行して、安倍政権以降、日本は米国との同盟関係においてより積極的で強固な役割を果たしている。安倍首相がＦＯＩＰ構想の国際化に成功したこと、および中国に対する日米の協調は、国際政治において日本が新たな役割を果たしていることの証左である。今日の日本は、もはや「アジアの自由主義的国際秩序の新リーダー」だという見解さえある（Che 2021）。

そして、二〇二二年、岸田政権は「新時代リアリズム外交」を宣言し、安倍首相が二〇一三年に採択した国家安全保障戦略を改定したが、これは防衛計画の見直しをも伴うものである。ウクライナにおけるロシアの侵略戦争およびインド太平洋の安全保障に関する議論のように、ここ数カ月間で急激な地政学的変化が起こった。このような国際情勢によって、国内世論は岸田政権に防衛費をＧＤＰの二％に引き上げるように求め始めている。北朝鮮に関しては、日本の防衛政策の一環としての敵基地攻撃という選択肢はもはや否定されておらず、このような議論は安倍政権下の安全保障政策の延長線上にある。安倍元首相は、日本を戦後の平和主義からの転換という目標を実現したのである。

だが、第二次安倍政権の安全保障政策の変更は、インド太平洋地域の平和と安全の維持に貢献できるのであろうか。それとも軍拡競争をもたらし、最終的に地域のさらなる危機的状況を生ぜしめ、インド太平洋におけるエスカレーションのスパイラルに巻き込まれるのか、現時点ではまだ判断できないであろう。

【注】

（１）　本章は、二〇二三年四月二八日、常葉大学の地域文化論で行った講義の内容と「Shinzō

Abe und Japans Beziehungen zu China und den USA: Geopolitische Machtverschiebungen und strategische Neuausrichtung」と題して、David Chiavacci と Iris Wieczorek 編『*Japan 2022: Politik, Wirtschaft und Gesellschaft*』（München: Iudicium、二〇二二年一一月、四四～五四頁）に発表した論稿を大幅に加筆したものである。

（2）とりわけ菅政権の時の二〇一〇年九月七日に発生した尖閣諸島中国漁船衝突事件と野田政権尖閣二〇一二年九月一一日に発表された日本国政府による諸島国有化をきっかけに展開した日中関係の緊迫である。

（3）習近平氏が二〇一三年九月七日にカザフスタンのナザルバエフ大学で行った演説において打ち出したＯＢＯＲ構想の正式名称は、「シルクロード経済ベルト」と「二一世紀海洋シルクロード」である。この概念は英語では一般的に「Belt and Road Initiative（BRI）」としても知られている。

（4）この演説は米ワシントンＤＣに所在する戦略国際問題研究所（ＣＳＩＳ）にて行われ、二〇一二年八月のリチャード・アーミテージ元国務副長官、ジョセフ・ナイ・ハーバード大学教授（元国防次官補）を共同座長として執筆した報告書「The U.S.-Japan Alliance: Anchoring Stability in Asia」の中に示された（民主党政権による）「二級国家への転落」の懸念とそれを回避するための日米同盟強化への回答であった。アーミテージ・ナイ報告書に関しては https://www.csis.org/events/armitage-nye-report-us-japan-alliance-anchoring-stability-asia（二〇二二年八月一六日閲覧）を参照。安倍首相の演説に関しては、https://www.

mofa.go.jp/mofaj/press/enzetsu/25/abe_us_0222.html（二〇二三年八月一六日閲覧）を参照。

（5）外務省「『自由と繁栄の弧』をつくる」二〇〇六年一一月三〇日、https://www.mofa.go.jp/mofaj/press/enzetsu/18/easo_1130.html（二〇二三年八月二八日閲覧）。

（6）外務省「二つの海の交わり」二〇〇七年八月二二日、https://www.mofa.go.jp/mofaj/press/enzetsu/19/eabe_0822.html（二〇二三年八月二八日閲覧）。

（7）外務省「自由で開かれたインド太平洋」二〇二三年四月二四日、https://www.mofa.go.jp/mofaj/gaiko/page25_001766.html（二〇二三年八月一六日閲覧）。

（8）日本貿易振興機構「二〇二二年の日中貿易は前年比で微減、輸出は二桁減で六年ぶりの輸入超過に」二〇二三年三月二九日、https://www.jetro.go.jp/biz/areareports/2023/dbc-3b0a5937344ad.html（二〇二三年八月三〇日閲覧）。

（9）外務省「米国連邦議会上下両院合同会議における安倍総理大臣演説」二〇一五年四月二九日、https://www.mofa.go.jp/mofaj/na/na1/us/page4_001149.html。

（10）Lowy Institute Asia Power Index 2019, https://power.lowyinstitute.org/downloads/Lowy-Institute-Asia-Power-Index-2019-Pocket-Book.pdf　八頁。

（11）経済産業省「インド太平洋経済枠組み（ＩＰＥＦ）閣僚級会合が開催されました」二〇二二年七月二七日、https://www.meti.go.jp/press/2022/07/20220727005/20220727005.html（二〇二三年八月二〇日）。

（12）外務省「シャングリラ・ダイヤローグ総理基調講演」二〇二二年六月一〇日、https://

www.mofa.go.jp/mofaj/files/100356159.pdf（二〇二三年八月一二日閲覧）。
（13）防衛省「『国家安全保障戦略』・『国家防衛戦略』・『防衛力整備計画』」https://www.mod.go.jp/j/policy/agenda/guideline/index.html（二〇二三年八月二八日閲覧）。
（14）https://www.mofa.go.jp/mofaj/erp/ep/page6_000889.html（二〇二三年八月一二日閲覧）。
（15）朝日新聞「朝日新聞世論調査—質問と回答—」二〇二二年九月一〇・一一日実施、https://digital.asahi.com/articles/ASQ9D4S9XQ9DUZPS004.html（二〇二三年八月五日閲覧）。

【参考文献】

○日本語文献
安倍晋三（二〇一三）『新しい国へ　美しい国へ　完全版』文春新書。

アジア・パシフィック・イニシアティブ編（二〇二二）『検証　安倍政権—保守とリアリズムの政治』文春新書。

兼原信克（二〇一一）『戦略外交原論』日本経済新聞出版。

国分良成・添谷芳秀・高原明生・川島真（二〇一三）『日中関係史』有斐閣。

小檜山智之（二〇一八）「オバマ政権のリバランス政策—「未完」に終わったアジア太平洋戦略」『立法と調査』四〇三号。

千々和泰明（二〇二二）『戦後日本の安全保障—日米同盟、憲法九条からＮＳＣまで』中公新書。

三船恵美（二〇二一）『米中覇権競争と日本』勁草書房。
日本国際問題研究所編（二〇二三）『戦禍のヨーロッパ―日欧関係はどうあるべきか』
日本貿易振興機構（二〇二三）「二〇二二年の日中貿易は前年比で微減、輸出は二桁減で六年ぶりの輸入超過に」二〇二三年三月二九日。https://www.jetro.go.jp/biz/areareports/2023/dbc-3b0a5937344ad.html
森聡（二〇一三）「オバマ政権のアジア太平洋シフト」日本国際問題研究所編『米国内政と外交における新展開』六一～九六頁。
佐橋亮（二〇二一）『米中対立―アメリカの戦略転換と分断される世界』中公新書。
添谷芳秀（二〇一六）『安全保障を問いなおす―「九条－安保体制」を越えて』ＮＨＫブックス。

○英語文献

Abe, Shinzo (2013), “Asia’ s Democratic Security Diamond,” Project Syndicate, 27 December,https://www.project-syndicate.org/magazine/a-strategic-alliance-for-japan-and-india-by-shinzo-abe?barrier=accesspaylog.
Abe, Shinzo, and Jonathan Tepperman (2013). “Japan Is Back: A Conversation with Shinzo Abe.” *Foreign Affairs* 92(4): 2–8. http://www.jstor.org/stable/23526902.
Che, Chang (2021). “Japan Is the New Leader of Asia’ s Liberal Order.” Foreign Affairs, 24 February, https://www.foreignaffairs.com/articles/united-states/2021-02-24/japan-new-lead-

er-asias-liberal-order.

Green, Michael J. (2022). *Line of Advantage: Japan's Grand Strategy in the Era of Abe Shinzō*. New York: Columbia University Press.

Hosoya, Yuichi (2011). "The Rise and Fall of Japan's Grand Strategy: The 'Arc of Freedom and Prosperity' and the Future Asian Order." *Asia-Pacific Review* 18(1): 13-24.

Hosoya, Yuichi (2019). "FOIP 2.0: The evolution of Japan's free and open Indo-Pacific strategy." *Asia-Pacific Review* 26(1): 18-28.

Hughes, Christopher W. (2022). *Japan as a Global Military Power: New Capabilities, Alliance Integration, Bilateralism-Plus*. Cambridge: Cambridge University Press.

Ikenberry, G. John (2017). "The Plot Against American Foreign Policy." *Foreign Affairs* 96(3): 2-9.

Insisa, Aurelio and Giulio Pugliese (2022). "The Free and Open Indo-Pacific versus the Belt and Road: Spheres of Influence and Sino-Japanese Relations." *Pacific Review*, DOI: 10.1080/09512748.2020.1862899.

Jimbo, Ken (2023). "Deterrence by Denial: Japan's New Strategic Outlook." Comment, Henry L. Stimson Center, 22 February, https://www.stimson.org/2023/deterrence-by-denial-japans-new-strategic-outlook/.

Katada, Saori N. (2020). *Japan's New Regional Reality: Geoeconomic Strategy in the Asia-Pa-*

cific. New York: Columbia University Press.

Liff, Adam P. and Philip Y. Lipscy (2022). "Japan Transformed? The Foreign Policy Legacy of the Abe Government." *Journal of Japanese Studies* 48(1): 123-147.

Maslow, Sebastian (2015). "A Blueprint for a Strong Japan? Abe Shinzō and Japan's Evolving Security System." *Asian Survey* 55(4): 739-765.

O'Shea, Paul (2014). "Overestimating the "Power Shift" : The US Role in the Failure of the Democratic Party of Japan's 'Asia Pivot'." *Asian Perspective* 38: 435-459.

O'Shea, Paul and Sebastian Maslow (2021). "'Making the Alliance Even Greater' : (Mis-) Managing US-Japan Relations in the Age of Trump." *Asian Security* 17(2): 195-215.

Prakash, Teesta (2022). "Abe Shinzo: the Quad stands as his Indo-Pacific legacy." Lowy Institute, 26 July, https://www.lowyinstitute.org/the-interpreter/abe-shinzo-quad-stands-his-indo-pacific-legacy.

Pugliese, Giulio (2017). "Japan's Kissinger? Yachi Shōtarō: The State Behind the Curtain." *Pacific Affairs* 90(2): 231-251.

Pugliese, Giulio, and Sebastian Maslow (2019). "Japan 2018: Fleshing out the «Free and Open Indo-Pacific» Strategic Vision." *Asia Maior* 29: 101-129.

Sasaki, Alexandra (2023). "A New Course for Japan's Security Policy: The Historic Decision on Military Armament." SWP Comment, 13 March, https://www.swp-berlin.org/publications/

products/comments/2023C13_Japan_SecurityPolicy.pdf.

Sakaki, Alexandra, and Sebastian Maslow (2020). "Japan's New Arms Export Policies: Strategic Aspirations and Domestic Constraints." *Australian Journal of International Affairs* 74(6): 649-669.

Samuels, Richard J. (2019). *Special Duty: A History of the Japanese Intelligence Community*. Ithaca: Cornell University Press.

Satake, Tomohiko and Ryo Sahashi (2021). "The Rise of China and Japan's 'Vision' for Free and Open Indo-Pacific." *Journal of Contemporary China* 30 (127): 18-35.

Schulze, Kai (2013). *Facing the "Rise of China": Changes in Japan's Foreign Policy Identity*. Dissertation: Universität Duisburg-Essen.

Suzuki, Shogo, and Corey Wallace (2018). "Explaining Japan's Response to Geopolitical Vulnerability." *International Affairs* 94(4): 711-734.

Wilkins, Thomas (2022). Special Report: Japan' s Security Strategy. Australian Strategic Policy Institute.

Wirth, Christian, and Nicole Jenne (2022). "Filling the Void: The Asia-Pacific Problem of Order and Emerging Indo-Pacific Regional Multilateralism." *Contemporary Security Policy* 43(2): 213-242.

Yamamoto, Raymond (2020). "The Trajectory of ODA's Strategic Use and Reforms: From Nakasone Yasuhiro to Abe Shinzō." *Australian Journal of International Affairs* 74(6): 633-648.

（セバスティアン・マスロー）

第3章 変わるアジアの国際経済構造と国際協力
―「一帯一路」に注目して―

はじめに

二〇一〇年代後半以降、世界は変化が加速している。地球温暖化も国際関係も危機的局面にある。二〇一八年に始まる米中貿易戦争、二〇二〇年に勃発した新型コロナ感染症パンデミック、その後は、二〇二二年二月にプーチン露大統領が始めたウクライナ戦争、二〇二三年一〇月にはイスラエル・ハマス戦争が始まった。どれもが現在進行中である。東アジアは過去半世紀を超えて目覚ましい経済発展を遂げると同時に、新たな課題に直面している。本稿の課題は、その変化を辿り、協力の重要性を確認することである。

先ず、第一節で、世界とアジアの経済の構造変動を鳥瞰する。第二節で、その変化の最大の推進主体である中国の「一帯一路」構想（ＢＲＩ）の展開を見る。第三節で、米中貿易戦争、続くCOVID－19パンデミックのアジアへの政治経済的影響を概観する。第四節では、中国の「一帯一路」の地政学的構造を確認し、最後に協力の意義を考える。

1　世界とアジアはどう変わってきたか―世界経済の構造変動と中国―

二〇世紀、第二次世界大戦後の世界は、米国の時代であった。圧倒的な米国の経済力と政治力に基づく米国中心の世界秩序の下に、経済では米欧日の三つの経済（圏）が世界を動かしてきた。その構造が、今世紀に入って大きく揺らいだ。

図3－1をみよう。米国を基準（一〇〇％）に一九八〇年代以降、EUが米国の経済規模を若干下回る傾向を示しながら第二の経済圏であったことが分かる。アジアでは、一九八〇年代から九〇年代には米国を猛追した日本が推進力を失い、今では米国の四分の一に縮小している。一九九〇年代になると、中国が日本に代わり米国経済を追い始め、今世紀に一気に駆け上がる。中国経済が米国を抜く可能性が、現実味をもって語られている。

以上の変化をアジアでみてみよう。図3－2からは、一九九〇年代中頃まで日本の経済規

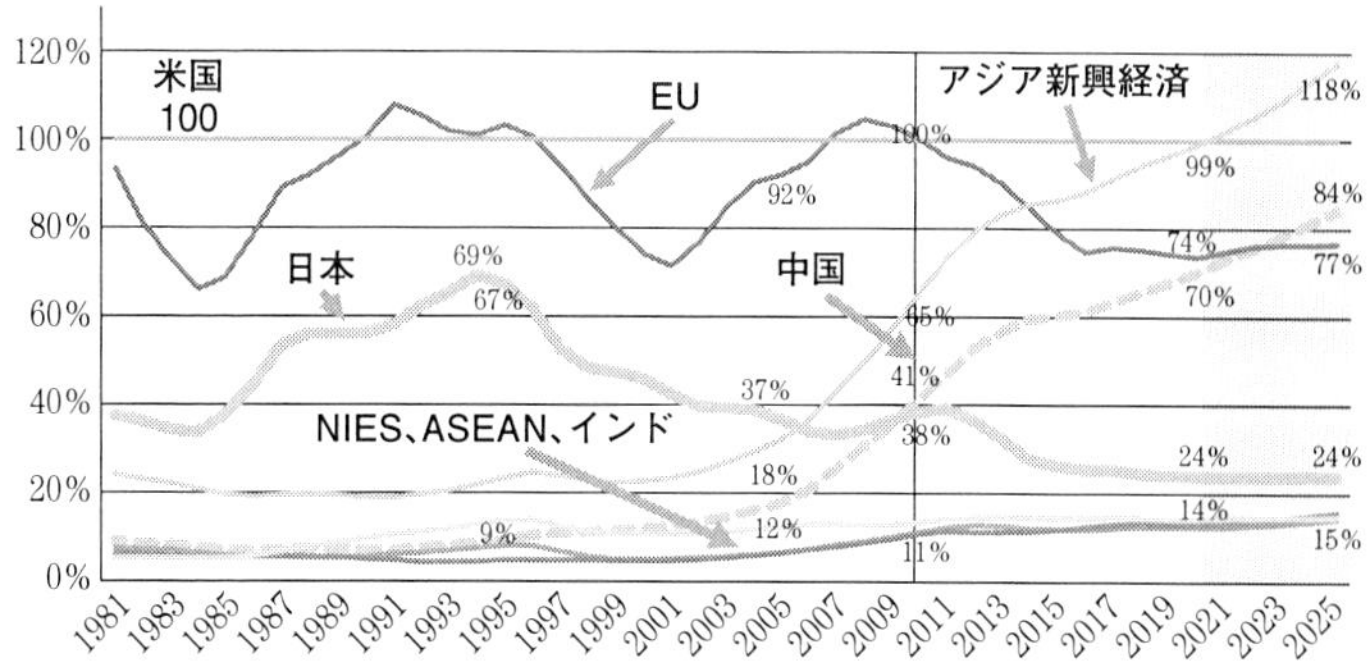

図3－1　主要経済（圏）の米国を基準としたGDP構成変化
1981年～2025年（3年移動平均）

（注）　EUは英国を含む。NIESは韓国、台湾、香港、シンガポール。ASEANはインドネシア、マレーシア、フィリピン、タイ、ベトナム。アジア新興経済は、NIES、ASEAN、中国、インドの他、発展途上国を含む。
（出所）　IMF World Economic Outlook database, April 2021.

模は中国を見下ろすほどに大きかった。ところがその後、差は坂を転げ落ちるように縮まり、二〇一〇年にはとうとう関係が逆転した。相対的には、成長する韓国すら中国との関係で小さくなっている。こうしてみると、世界経済の中でアジアを代表する国は日本から中国に代わり、そのアジアが世界最大の経済圏となったことが分かる。

　変わらぬ日常が繰り返されていると思っている間に、日本だけが取り残されていた。日本は低物価の観光地になった。東アジアの過去半世紀は、そんな劇的な変化の時代であった。

　図3－3をみると、中国が今世紀に

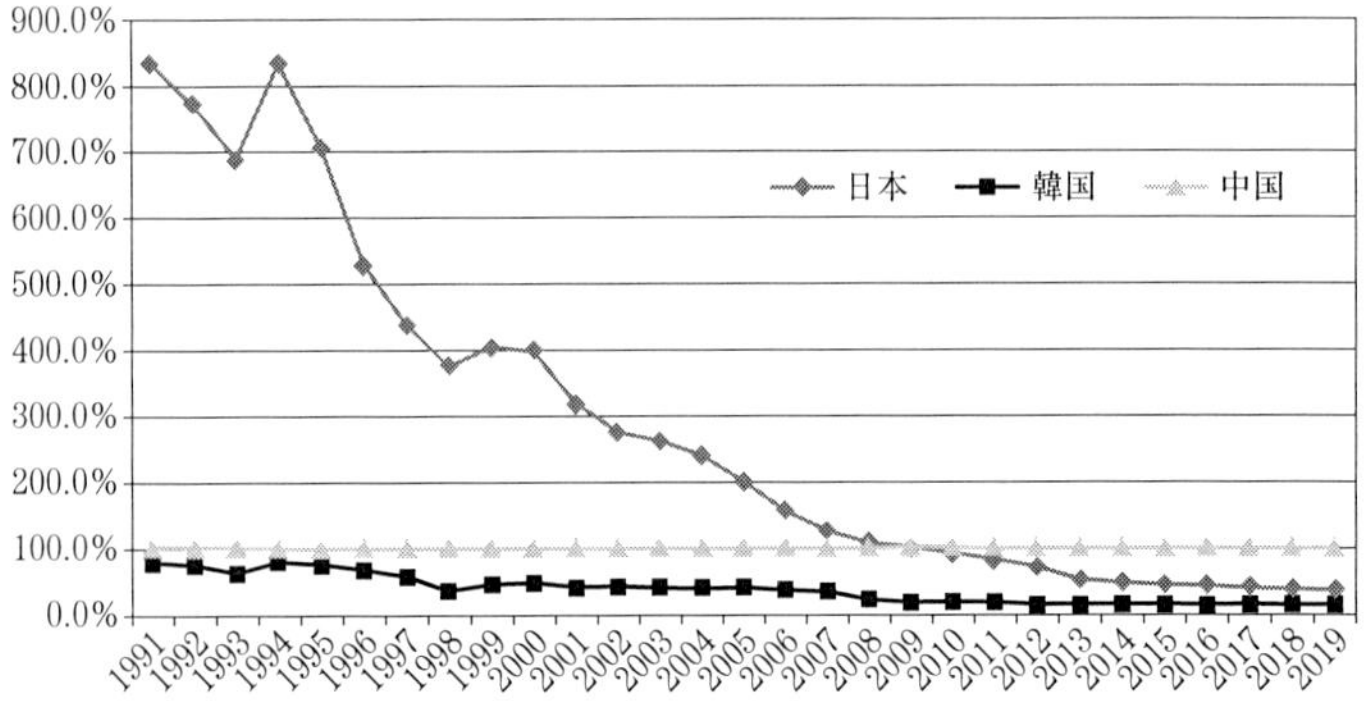

図 3−2　中国を基準にした日韓の経済規模の推移 1991年～ 2019年

（ 注 ）　現行ドル基準の GDP。2013 年から推計。ASEAN5 は、インドネシア、マレーシア、フィリピン、タイ、ベトナム。

（出所）　IMF, World Economic Outlook, October 2014 より作成。

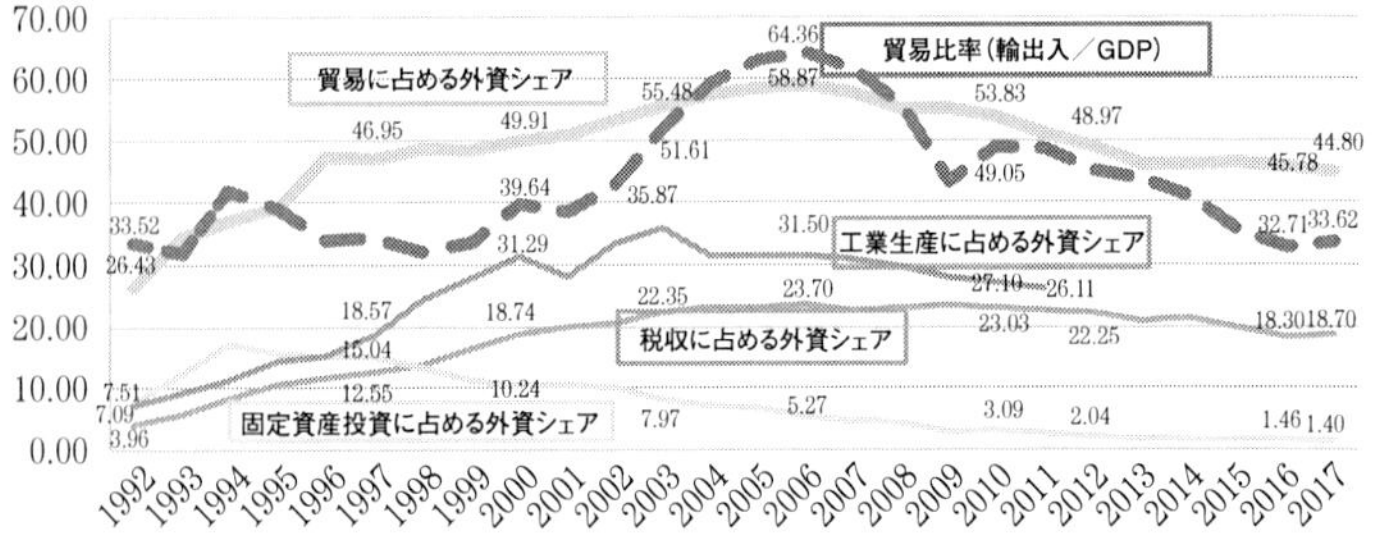

図 3−3　中国経済の対外依存度と外資系企業貢献度の推移 1992年～2017年

（出所）　中国国家統計局『中国外資統計』2016年版、2018年版などより作成。

入って外国企業や外国技術に頼る国から自立化の過程に入ったことがわかる。中国の貿易依存度（貿易額／GDP）は二〇〇六年の六五％をピークに減り始め、二〇一七年には三四％にまで低下した。貿易に占める外資系企業のシェアも、同じ期間に五九％から四五％に低下した。固定資産投資に占める外資系企業の比率は一九九〇年代にピークとなり、以後一貫して低下している。

2 中国と「一帯一路」構想

(1) 覇権と国際公共財の狭間の「一帯一路」

二〇一二年一一月、習近平中国共産党総書記は就任と同時に国立博物館で開催中の「復興の道」を政治局員と共に参観し「中華民族の復興」の重要談話を発表し、翌年三月に国家主席に就任すると「中華民族の偉大な夢」を発表した。彼は、同年九月のカザフスタンのナザルバエフ大学での講演で「シルクロード経済帯」を、翌一〇月のインドネシア国会講演で「二一世紀海上シルクロード」の建設を謳った。二〇一四年一一月、それがAPEC・CEOサミットで公表され、「一帯一路（BRI）」[1]として中国の対外政策となって行く。

二〇一四年には新開発銀行（通称ＢＲＩＣＳ銀行）、シルクロード基金が設立され、二〇一五年末には中国主導のアジアインフラ投資銀行（ＡＩＩＢ）が発足した。二〇一七年と一九年、二三年にはＢＲＩ関係国の首脳が北京に集まり、ＲＲＩ国際協力サミットフォーラムが開催された。第二回目には三七国の外国首脳を含む一五〇国以上の代表が参加し、参加者は一五〇〇名を超えた。二〇二一年までに協力文書が一四〇国と三二の国際機関との間で交わされ、内訳はアフリカ四六、アジア三七、ヨーロッパ二七、北米一一、太平洋地域一一、ラテンアメリカ八である（Min 2022）。ＢＲＩは文字通り世界のインフラ建設事業となっている。

ＢＲＩ誕生の背景には、①指導者の「中華民族の偉大な復興」という政治的野心、②米国への対抗政策、③二〇〇八年グローバル金融危機時の国内景気刺激策で生まれた過剰生産のはけ口、④中国の内陸部諸省への景気刺激策（Yu and Wallace 2021）、⑤圧倒的な外貨準備・「走出去」を踏まえた対外資本輸出政策、⑥中国経済の発展に不可欠な資源の安全保障政策などの要因がある（平川　二〇一九）。

ＢＲＩ構想を中国政府は、中国とヨーロッパを連結する陸海の六つのルートをあげて、中国と沿線国がウィン・ウィンの関係で道路、鉄道、港湾などを建設する国際協力構想だとした。これに対して、ＢＲＩは単なる政策の寄せ集めとか星座のようなものとするものから、

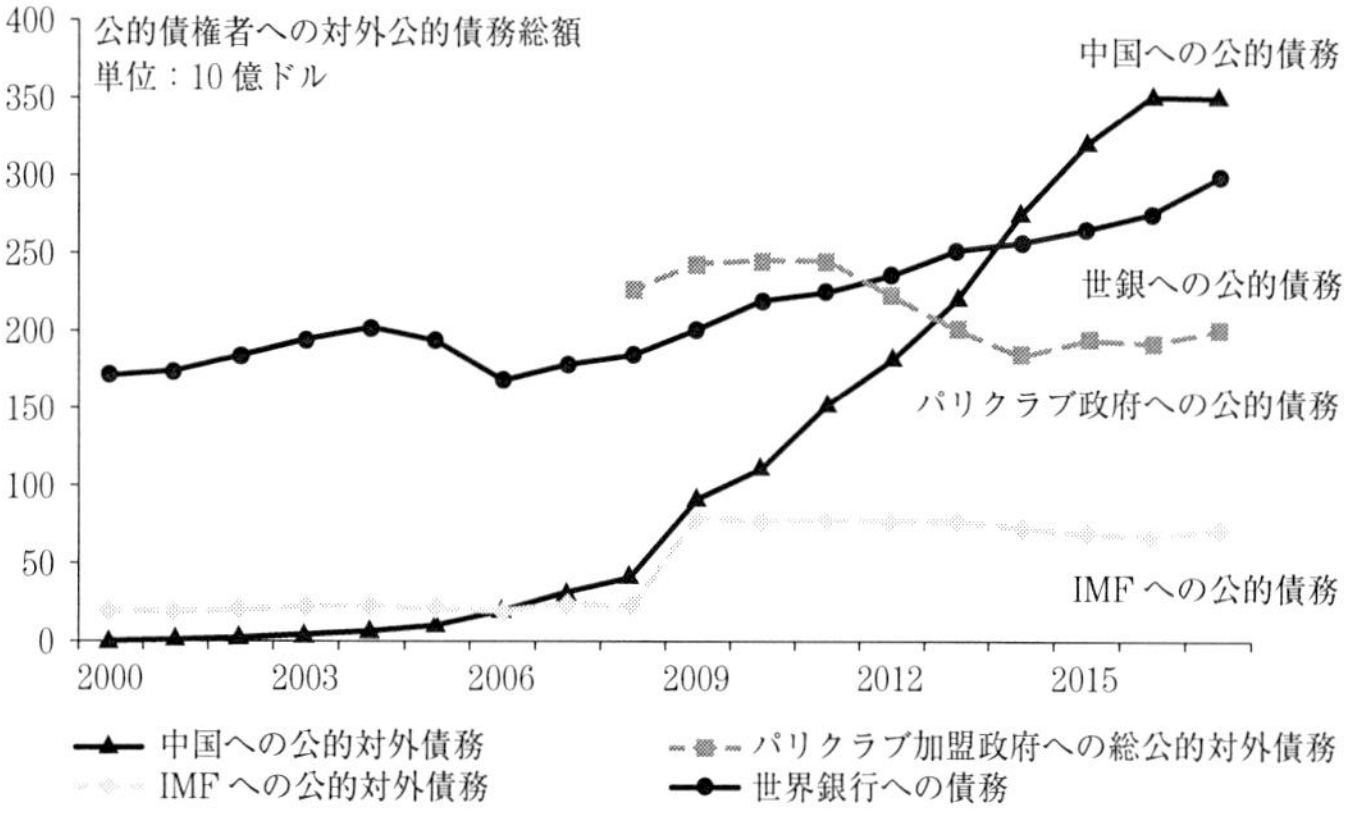

図3−4　中国の対外貸付額の推移　2000年〜2017年

（出所）　Horn, Sebastian, C. Reinhart, C. Trebesch (2020).

第二次世界大戦後の米国のマーシャル・プランを超える構想だ、覇権を求める政策だとの評価まであって、評価は割れた。よく考えれば、大国の対外政策が自国の利益と結びつけるのは当然のことだろう。その対外政策が相手国と真にウィン・ウィンの関係なのかどうかで「国際公共財」にも「覇権」の手段にもなる。結局、評価はＢＲＩの実態から判断されるべきだろう。

なお、ＢＲＩの図は様々に描かれる。ＢＲＩは確定された政策というよりも、中国政府が打ち上げた対外基本政策と捉える方が分かり易い。この基本方針に沿って、地方政府や国有企業、民営企業などが対外進出で成果を競うのである。

図３－４は、今世紀に入って急増する中国の対外公的貸付の推移である。ＢＲＩ提唱以前に既に急増していた対外貸付は、ＢＲＩによってさらに一直線に増加した。二〇一四年には世界銀行の公的貸付総額を超え、世銀と肩を並べる債権国になっていた。

(2) 高まる「一帯一路」批判

中国は、二〇一〇年頃から領有権問題に揺れる南シナ海で一方的に岩礁を埋め立て、軍事施設の建設を始める。二〇一五年以降、パキスタンのグワダル港の四三年間の租借、ギリシャのピレウス港の三五年間の管理権獲得、スリランカのハンバントタ港の九九年間租借とジブチの海軍施設建設などが続けざまに起った。

他方、二〇一七年末には、パキスタン、ミャンマーでの水力発電施設の建設で参加国の政府や住民とのトラブルが発生し、工事のキャンセルが起った。二〇一八年になると、ＢＲＩプロジェクトへの批判的調査結果が次々と発表されるようになる。同年三月、米国の世界開発センター（ＧＤＣ）によるＢＲＩ沿線国六八国の債務状況調査が、八国の債務が深刻な過重状態にあると調査結果を公表した。日経アジアレビューとバンカー誌も共同で、ＢＲＩの債務が過重で、雇用効果も低いとの調査結果を発表した。米中貿易戦争も同じ月に始まった。

「債務の罠」の対中認識が一気に世界に広まっていく。五月には、中国にあるEUの二七国の大使館の大使が合同で、BRIの透明性の欠如と国際ルールの無視を理由に批判した。

同年五月には、総選挙でマハティール政権が誕生すると、彼はBRI旗艦プロジェクトとされるマレーシア高速鉄道計画を白紙に戻した。裁判はゴールドマンサックスのナジブ前首相への巨額賄賂問題であったが、鉄道建設計画も契約が見直され、BRIと賄賂の関係が深く結びつけて見られるようになった（Yu and Wallace 2021）。

（3）「一帯一路」構想と日本の援助、東アジアの成長経験

BRIの重点政策は、①インフラ建設と連結性、②中国の融資と直接投資、③工業園区の設置である。中国の対外経済活動は「三位一体」と言われるが、それは一九八〇年代に日本のODA政策を指す表現であった。日本の援助と投資と貿易の三つが有機的に結びついて経済を発展させるというものである。BRIについては、中国版マーシャル・プランとされることもあるが、それ以上に日本の援助に似ている。工業園区は、NIESに始まった自由貿易地域や中国の経済特区に似る。そう考えると、中国のBRIには、日本の援助と東アジア諸国の重点的発展政策が取り入れられている。

ちなみに、日本のＯＤＡ政策の基本は円借款であり、一九八〇年代に紐付き援助との強い批判を受けた。日本のＯＤＡによる大規模なダム建設なども、環境破壊が問題にされた。日本企業のための援助だとの批判も強かった。ＢＲＩは過剰な貸付で借入国の権益や政治的自由を奪うと批判されている。債務で借入国が苦境に陥ることは避けねばならないが、日本の経験を振り返ると、今世紀に入って一気に大国化した中国の国際経験不足の面も無視できない。

３　米中貿易戦争とＣＯＶＩＤ－19以後の中国を巡る国際環境

（1）　米中貿易戦争、ＣＯＶＩＤ－19と中国

米国の貿易赤字問題から始まった米中貿易戦争は、中国の不公正の産業政策、先端技術の盗取、サイバー攻撃、さらに安全保障と覇権争いへと性格を変えていく。米大統領選挙もあって二〇二〇年一月に成立した「第一段階の合意」も、ＣＯＶＩＤ－19の勃発で対立が深まった。二〇二〇年一月、中国は発生源の武漢市に都市封鎖（ロックダウン）の強硬措置をとり感染を封じ込めた。ところが、欧米諸国では感染爆発が起る。しかもＣＯＶＩＤ－19を当初隠蔽

しようと中国がしたことが明らかになり、米欧諸国は中国への不信感を強め、中国は逆に抑え込みに自信を得て、イタリアへマスクや医師を派遣して「健康シルクロード」を展開する。「マスク外交」である。また、中国外交官がウイルスの米軍持込みの陰謀説をツイッターに書き込み、トランプ大統領はCOVID－19を「中国ウイルス」と呼んで誹謗した。

こうして中国国内では「戦狼」外交が賞賛され、相手を選ばず対外的強硬政策が採られるようになる。ちなみに、戦狼とは、元人民解放軍の兵士が米人傭兵団と闘う、中国で大ヒットしたアクション映画の題名である。

中国が同年六月、香港国家安全維持法を施行して、国際公約の「一国二制度」を形骸化させると、七月にポンペオ米国務長官が、従来の中国への関与政策の失敗を表明し、「民主主義の同盟」を世界に訴えた。米国がスパイ行為の嫌疑で在ヒューストン中国総領事館の閉鎖を命じると、中国も直ちに四川省成都の米総領事館の閉鎖をもって応えた。八月には、トランプ大統領が動画アプリ TikTok の米国での営業禁止措置をとり、一〇〇〇名の中国人研究者・留学生のビザを取り消した。

ＥＵも二〇二〇年九月にＥＵ－中国指導者ビデオ会議で、南シナ海での中国の行動に直接に批判的立場を伝えた。ＥＵ議会が二〇二一年三月に新疆ウイグルの少数民族人権侵害で関係者への制裁を課すと、中国もEU議員の入国禁止措置など強い対抗措置をとった。九月にEU議会は台湾の独立を否定しつつも、台湾関係の強化を決定する。BRI参加の東欧諸国の中にも批判的な国が現れた。中国は二〇一二年から毎年、EUの加盟国一一カ国を含む東欧一六カ国とCEE＋1首脳会議を開催してきた。しかし、二〇一九年にはギリシャがこの会議に加わり、イタリアもBRIに参加するが、リトアニアが脱退し、二〇二二年にはエストニアとラトビアがそれに続いた。二〇二三年にはイタリアも参加を取りやめた。

二〇二一年一月末に誕生したバイデン政権も、トランプ政権の対中政策を継承した。米国は中国を安全保障上の脅威とみなし、ハイテク財の取引の制限措置を強化し、その根拠にウイグルの人権侵害が加わった。

(2) COVID−19とBRI

COVID−19は、BRI建設プロジェクトの五分の一に直接的な影響を与えた。世界的なロックダウンで、バングラティシュ、カンボジア、ケニヤ、ラオス、マレーシア、ミャンマー、サウジアラビア、スリランカなどで工事の中止や遅延が起った。インドネシアでは高速鉄道建設計画の修正さえ取りざたされ、パキスタンとの経済回廊（CPEC）工事も中断した。

より深刻な問題は、ＢＲＩ参加国の多くが中・低所得国であることで起こった債務返済問題である。中国中央財経大学ＢＲＩ研究所の研究によれば、二〇一九年の公的対外債務高トップ二〇国の中国債務のシェアは三〇％超、中国のＢＲＩ参加五二国のうち公的債務残高で中国が最大の国が五国、ＢＲＩ参加国五二国の内一六国が低所得国、二九国が下位中所得国、七国が上位中所得国であった（Yue and Wang 2020）。国連開発計画（ＵＮＤＰ）によれば、公的対外債務トップ二〇国のほとんどで中国が最大の貸付国であった。ドイツのキール研究所の報告書によれば、中国の対外貸付上位五〇国の貸付残高は二〇一七年の債務国のＧＤＰ比で平均一五％、中国の商業貸付の半分が外部には公表されない「隠れた」貸付で、金利も高かった（Horn, 2019）。

債務返済不履行を心配してＧ20諸国は、二〇二〇年五月から国連認定の債務脆弱国七三国を対象に債務返済猶予措置（ＤＳＳＩ）をとった。アフリカ諸国は三一国が支援の対象となった。ＤＳＳＩは二度延長されて二〇二一年一二月まで続けられ、二〇二二年からはＧ20共通債務扱い枠組みとなっている。ＩＭＦは、現在、新興国の三分の一、六〇国近くが債務問題に直面しているとする。中国もＤＳＳＩに参加したが、中国の融資は、他国からは実態が見えず、債務国との交渉も独自で行われる。中国以外の債権国は、債務の猶予分が中国の返済に回されると不信感を抱く（平川　二〇二二、Ibe 2022）。ＩＭＦの支援でもそれが問題となっている。

二〇二二年四月にはスリランカが国債の返済で「一部不履行」に陥った。七月には中国寄りの政権が崩壊し、八月に入って新政権がＩＭＦと約二九億ドルの支援の暫定合意に漕ぎ付けた。新政権は三〇〇億ドルにも及ぶ債務の再編で、日本政府主導によるインド、中国など主要国との協議を希望している（ロイター　二〇二二・九・二）。同年八月には中国主導で債権国グループがザンビアの債務再編交渉に合意し、ＩＭＦの資金支援の可能性が生まれた（日経　二〇二二・八・五）。債務返済問題の解決は、今や中国の対応が決定的に重要である。

（3）ロシアのウクライナ侵攻とＢＲＩ

二〇二二年二月、ロシアがウクライナ侵攻を開始した。ロシア軍の早期占領というプーチン大統領の目論見は外れ、二年経っても戦争は続いている。ウクライナ軍の反抗が強まる中で同年一〇月、ロシアは東部四州の一方的併合を進め、欧米諸国は対ロシア制裁を強めている。

ウクライナ戦争はＢＲＩの遂行で障害となる。ヨーロッパの穀倉地帯と言われるウクライナからの穀物生産と輸出の停滞は、アフリカや中東の国々の穀物価格を急騰させ、食糧危機と国内政治の不安定化をもたらした。ロシア支援の中国は、大きなジレンマにある。

加えて中国自体が、ゼロコロナ政策による成長率の低下、国内不動産市況の低迷、不良債権問題などに直面している。米中貿易戦争、ＣＯＶＩＤ－19、ウクライナ戦争と続く国際環境の悪化、加えて中国の国内問題がＢＲＩの遂行で困難をもたらしている。二〇二〇年七月、中国は国内を第一、対外政策を第二とする「双循環」政策を採用し、ＢＲＩはいっそう効率化が迫られている。

4　中国の対外協力政策の展望

中国の経済発展は、アジア域内経済の構造はもちろん、世界経済の構造を変えた。二〇二一年一二月にはラオスとの高速鉄道を開通させ、ＢＲＩの進展を世界に印象付ける。だが、ＢＲＩは二〇一八年以降、批判が高まり、ＣＯＶＩＤ－19とウクライナ戦争も、ＢＲＩの障害となった。

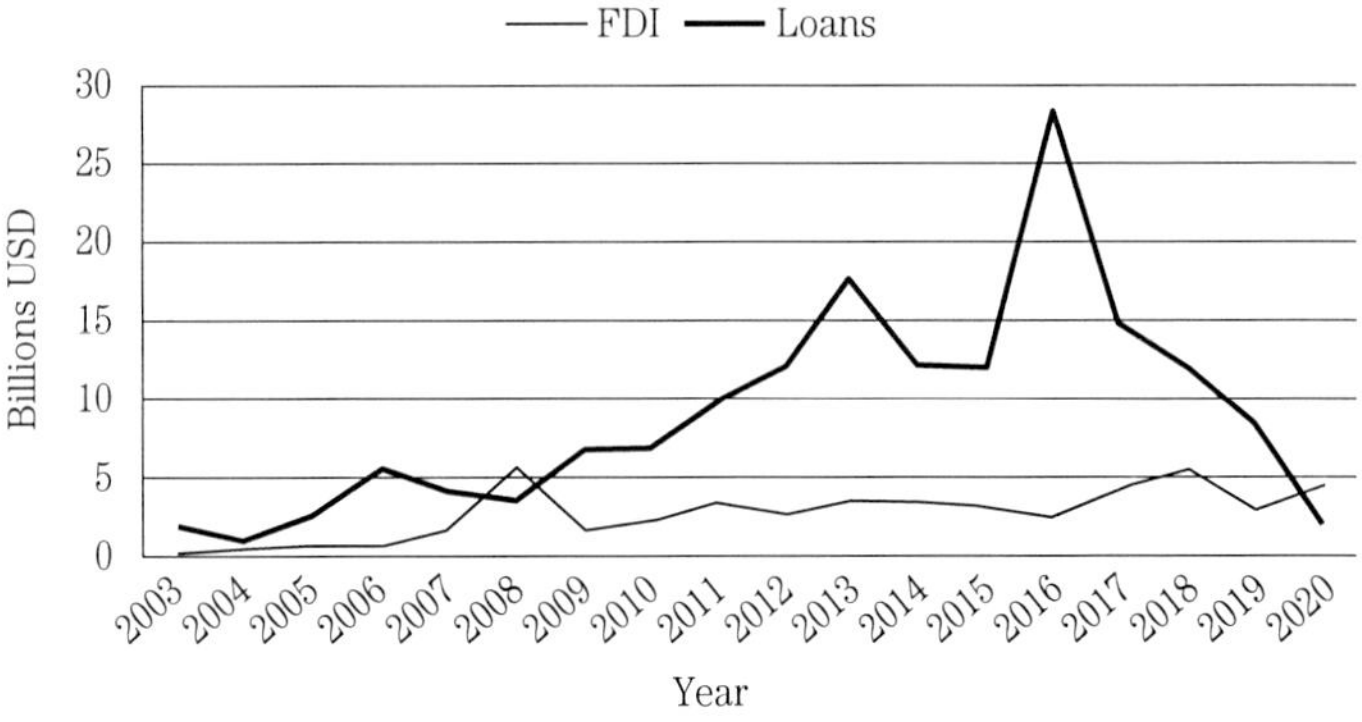

図3−5　中国の対アフリカ貸付とFDIの推移　2003年〜2020年

（出所）　Hwang, Moses et al. (2022).

ＢＲＩは縮小と効率化が不可避である。米国のボストン大学の世界開発政策センター（ＧＤＰＣ）によると、二〇一七年から既に減少傾向にあった中国の二大政策銀行―中国開発銀行（ＣＤＢ）と中国輸出入銀行（ＣＨＥＸＩＭ）―のエネルギー開発融資は二〇二一年にゼロとなる。但し、図３－５のように、ＦＤＩの推移は比較的堅調である（Ma et al. 2022; Hwang, Moses et al. 2022）。そうすると、中国政府が強力に推し進めている「カーボンニュートラル」政策もあり、ＢＲＩは貸付からＦＤＩによる「グリーンＢＲＩ」への転換となるだろう。これまでの化石燃料中心の開発から再生可能エネルギー開発への転換である。大規模建設プロジェクトで得た技術開発と経験の蓄積は、ＢＲＩの効率的遂行に向けた可能性を高める。

今後のＢＲＩの展望は、グリーンＢＲＩの他に二つの柱があった。だが、一つは当面、関心が薄れるだろう。中国はＣＯＶＩＤ－19を抑え込み、いち早く健康シルクロードを提唱していた。「マスク外交」、続いて「ワクチン外交」が展開された。二〇二一年四月のワクチンの輸出先は八〇国を超え、その内の五三国へは贈与であった（Zhao 2021）。だが、ワクチン供給は二〇二二年に入って急ブレーキがかかる。同年四月の輸出額はピーク時の九七％減となった。コロナ変異株「オクミロン」への予防効果の低いことが原因である（日経　二〇二二・四・八）。しかも、ＣＯＶＩＤ－19は鎮静化に向っている。

それに対して、デジタルシルクロードは強力に推し進められる。米中覇権争いの中で安全保障問題が注目され、第五世代移動通信（５Ｇ）で世界をリードしたファーウェイは、先進国市場を中心に市場から排除される事態となった。だが、ファーウェイの通信技術は世界的に競争力がある。中国にとってそれらは戦略的な輸出品であり、受入れ国にとってはデジタル社会のインフラ整備で不可欠である。ファーウェイは、中国・パキスタン経済回廊（ＣＰＥＣ）の建設で八二〇キロメートルの光ファイバー回線を敷設したが、コストは四四〇〇万ドル、鉄道敷設費用の四キロメートル分に過ぎなかった。米国の戦略国際研究センター（CSIS）の二人の研究者はCOVID－19後、中国がデジタル技術とインフラ整備の主要な供給国となり、デジタルシルクロードを加速させると確信している（Blanchette & Hillman 2020）。

コスト削減と効率化を迫られるBRIで、デジタルシルクロードの重要性はいっそう高まる。

おわりに

「新冷戦」、「価値観外交」などの言葉が、メディアやネット上で飛び交っている。ウクライナ戦争で、核兵器の脅威も語られるまでになった。BRIはその遂行で困難に直面しているが、中国の外交上の意義はますます大きくなっている。

米国は、先端技術分野でのビジネス関係の切断に、外交的には同盟国を中心とした価値観外交に動いている。バイデン政権は二〇二一年の誕生とともに、トランプ時代に失った同盟国との関係修復に動く。「自由で開かれたインド太平洋」（FOIP）を共通認識にして同年三月には初の米豪日印四国によるクアッド（Quad）のテレビ首脳会議を、九月には対面首脳会議を実現させた。同月、米豪英の安全保障協力（オーカス：AUKUS）の枠組みも作り上げた。ちなみに、ＦＯＩＰは二〇一六年に安倍晋三首相（当時）が提唱したものである。

バイデン大統領は二〇二一年一〇月の東アジアサミットに合わせて、インド太平洋経済枠組み（ＩＰＥＦ）を提唱し、翌二〇二二年五月の訪日に合わせてＩＰＥＦを発足させている。米日印韓豪、シンガポール、ニュージーランド、フィリピンなど一三カ国が参加した。トランプ前米大統領は二〇一七年一月にＴＰＰから離脱し、成長する東アジアへの足場を自ら外した。対照的に、中国の参加する「地域的な包括的経済連携」（ＲＣＥＰ）協定が二〇二〇年一一月に合意され、二〇二二年一月には発効した。しかも、中国は米国の離脱で名称の変わったＣＰＴＰＰへの加盟の申請にも動いている。ＩＰＥＦはこの失われた東アジアへの米国の再参入の試みである。参加国の確保のためにＩＰＥＦの中国対抗色は薄れているが、実質的に中国対抗の性格は変わっていない。

世界を鳥瞰すれば、ＢＲＩとＦＯＩＰが中国と米欧などとの対抗軸となった。それは、政治と経済開発協力の両面で競合関係に立つ。一九九〇年代以降、新自由主義の政策によって排除されてきた発展途上国であるが、中国はそこにＢＲＩを通じて新たな発展の可能性をもたらしたといえるだろう。

米中貿易戦争、ＣＯＶＩＤ－19は米中間、中国・西側先進諸国間の対立関係を深めているが、軍事的政治的対立を乗り越え、ＢＲＩとＦＯＩＰの競合関係を経済協力に結び付けられれば、これまで国際社会から排除されてきた地域に発展の可能性をもたらす。債務返済危機は、中国の貸付の不透明性に焦点を当てることになった。国際協力の形で債務問題が処理され、持続可能な発展政策が採られれば、ＢＲＩ参加地域は新たな発展のフロンティアとなる。

政治的軍事的対立が、世界に不信感を募らせている。だが、危機は新たな可能性をもたらしている。その可能性は、人々が対立を冷静に乗り越える時に現実となる。相互理解と協力の世界史的意義が、いっそう明らかになっている。

【注】

「一帯一路」は英語ではＢＲＩ（Belt and Road Initiative）あるいはＯＢＯＲ（One Belt, One Road Initiative）と表示されるが、中国政府はＢＲＩを用いる。新華社ニュースでは、Belt and Road Cooperation と表記している（Xinhua Net 2022, 9.14）。本章ではＢＲＩを用いることにする。

【参考文献】

平川均・町田一兵・真家陽一・石川幸一編（二〇一九）『一帯一路の政治経済学』文眞堂。
平川均（二〇二二）「ＣＯＶＩＤ－19パンデミックと新興・発展途上経済」『国際経済』第七三

号、七月。

Blanchette, Jude, and Jonathan E. Hillman (2020) China's Digital Silk Road and after the Coronavirus, Center for Strategic & International Studies.

Horn, Sebastian, Carmen Reinhart and Christoph Trebesch (2019) China's Overseas Lending, *Kiel Working Paper*, No. 2132, June.

Horn, S., C. Reinhart, C. Trebesch (2020) China's overseas lending and the looming developing country debt crisis, *CEPR Vox EU Columns*, May 04.

Hwang, Jyhjong, Oyintarelado Moses, Lucas Engel, and Sobia Shadbar (2022) Chinese Loans to Africa during the COVID-19 Pandemic, *GCI Policy Brief,* Boston Univevsity, 012, 04/2022.

Ma, Xin Y., C.H. Springer, and H. Shao (2022) Outlier or New Normal? Trends in China's Global Energy Finance, *GCI Policy Brief*, Boston University, March 11.

Min, Ye (2022) Ten Years of the Belt and Road: Reflections and Resent Trends, *Global China Initiative Newsletter*, Global Development Policy Center, Boston University, Sep 6.

Obe, Alex V. (2022) Climbing out of the Chinese Debt Trap*, The World Today,* Chatham House, August & September.

Yu, Jie and Jon Wallance (2021) What is China' s Belt and Road Initiative (BRI)? Chatham House. https://www.chathamhouse.org/2021/09/what-chinas-belt-and-road-initiative-bri

Yue, Mengdi, and Chiristoph N. Wang (2020) *Brief: Public Debt in the Belt and Road Initiative*,

Green BRI Center, Central University of Finance and Economics, Beijing, Dec.
Zhao, Suisheng (2021) Why China's Vaccine Diplomacy is Winning, *East Asia Forum*, April 29.

（平川　均）

第4章 日本と世界における災害に強い体制づくり

1 災害とは何だろうか

ところで、みなさんは〝災害〟とは何か、あるいは〝災害〟はなぜ起きてしまうのか、ということを考えてみたことがあるだろうか。

災害を防ぐために、日本でも世界でも、様々な仕組みが作られていて、取り組みが進められている。その一つとして〝ハザードマップ〟というものがある。

この〝ハザード（Hazard）〟という言葉は、外力、自然力、加害力と訳される。つまり、〝ハザード〟とは自然の力そのものである。例えば、地震の揺れ、津波、洪水、土砂崩れ、暴風など、自然現象そのものである。では、〝災害〟とは一体、何なのだろうか。

〝災害〟は、〝ディザスター（Disaster）〟と記される。

ハザードが、私たちの人間社会、暮らしに影響を与えるようになると、そこからディザスターに変わると考えられる。

つまり、ハザードからディザスターに変化する、その原因があり、タイミングがある。

では、そのタイミングや原因は何なのか。

それは、私たち社会の防御力と大きく関係している。ハザードが、私たちの社会の防御力で収まっている範囲、抑えられている状況まではハザードはディザスターに変化しない。このことは、時として、コップとコップに注がれる水の関係で表されることもある。コップが私たち社会の防御力であり、注がれる水がハザードの大きさなのである。コップに入る量は決まっている。コップに入る量を超えて水が注がれると、そのコップからは水があふれる。溢れた水が災害なのである。

しかし、コップの例よりも、私たちが体験した身近な社会にもっと分かりやすい例がある。新型コロナ感染症の蔓延である。コロナ感染症のニュースを見聞きするたび、〝病床使用率〟という言葉が繰り返し報道されていた。この〝病床の数〟が私たち社会の防御力なのである。入院が必要な患者が、あらかじめ用意された病床数の範囲に収まっている状態では、感染者が増加しても、入院が必要なのに入院できないという事態は発生しない。ところが、病床使用率が上昇するほど、徐々に入院することが難しくなり、重篤な症状があっても入院することができず、やがて亡くなる方が増えるという社会情勢を我々は体験したばかりである。

このような分かりやすい事例は、ほかにも沢山ある。

日本では海や川から溢れる水を防ぐために堤防や防潮堤が作られている。これらの堤防によって洪水や津波から私たちの社会を守ってきた。東日本大震災では、巨大な津波が防潮堤を乗り越えて街を破壊し、多くの人の命を奪った。この堤防の高さが私たち社会の防御力である。

写真４－１　岩手県山田町の防潮堤（新旧）

写真４－１は、岩手県山田町で撮影した写真であるが、一九六〇年のチリ地震津波の後に作られた古い防潮堤の上に、より高い津波にも耐えられ

るように防潮堤のかさ上げが行われていた。

この古い防潮堤によって、例えば一九七八年の宮城県沖地震による津波は防いできた。しかし、歴史上には、さらに大きな津波が発生していたことが知られていて、そのような津波が来ても街に津波が入ってこないように防潮堤のかさ上げ工事が行われていた最中の写真である。

東日本大震災の津波は、この高さも超えてしまった。つまり、私たち社会の防御力を超えるような高さの津波により、街が破壊され、多くの人々が犠牲となってしまったのである。

岩手県宮古市の田老も同じである。

市町村合併により宮古市となる前の田老町は津波防災の街を宣言していた。

海岸には高さ一〇メートルという、万里の長城にも例えられた巨大な防潮堤が二重に街を囲んでいた。

しかし、東日本大震災の津波は、この高さ一〇メートルの防潮堤をはるかに上回り、街を破壊し、多くの尊い命が奪われる結果となった。

この高さ一〇メートルの堤防が、津波に対する田老の防御力であった。しかし、漁港沿いの崖には、「昭和八年津波水位一〇メートル」「明治二九年津波水位一五メートル」と記された看板が、東日本大震災の前から設置されていた（写真4－2）。

この看板を見れば、明治三陸津波と同程度の津波が襲ってきたら田老の防御力をはるかに超えることになるので、津波は街を破壊することは容易に想像できる。

写真４－２　津波の水位を示す看板

田老の被害を高さ一〇メートルの防潮堤と共に取り上げ「想定外」と伝えるメディアもあったが、決して想定外とは言えないのである。

そして、二〇一六年一二月に新潟県糸魚川市で発生した火災も社会の防御力と災害の関係が分かる事例でもある。

例えば、消防車が一台しかない街を想像しよう。この街で二か所同時に火災が発生したらどうなるであろうか。一台の消防車は一か所の火災現場にしか向かえない。もう一か所は消防車が向かえないので消火することができないであろう。それが種火となって火災が広がるかもしれない。

このように、私たちは社会の防御力と災害との関係をいつも目の当たりにしているはずである。相手は自然現象ではないが戦争も一種の防御力と被害との関係と考えることもできよう。

2 グローバルとローカル

ハザードは、大小あるいは強弱で表現される。津波は高さであり、地震はマグニチュードであり震度という表現も使われる。

ディザスターは、私たち社会への影響の大小であり、社会の防御力と密接に関係するので、ハザードの大小とともに防御力の大小も大きく関係してくる。

言い換えれば、同じ強さのハザードであっても、隣り合う市町村、あるいは隣り合う都道府県、あるいは隣り合う国でもディザスターの様態は違ってくる。

岩手県普代村には高さ一五・五メートルの水門と防潮堤が整備されていて、この水門と防潮堤（写真4－3）が高さ約二〇メートルにもなった東日本大震災の津波から街の被害を最小限に抑えた。三陸ジオパークとして紹介されている。

そして、日本で市町村が作成する役割を担っているのがハザードマップであるが、ディザスターは市町村単位、あるいは市町村の中でもごく限られた一部の地域だけで起こるローカルなものから、グローバルなものがあることを知ってほしい。グローバルとは、世界規模という意味に留まらず地球規模のものもある。

写真４－３　街を守った普代村の防潮堤

例えば、地球規模での災害としては小天体の衝突がある。六六〇〇万年前に直径一〇キロメートルの小惑星がメキシコのユカタン半島付近に衝突したことは恐竜の絶滅の話で耳にされたことがあるかもしれない。この時には高さ一五〇〇メートルの津波が発生したのではないかと考えられており、また、衝突によって巻き上げられた塵が大気中を漂い、長期間、地球の気候に重大な影響を与え、生態系の大規模な変化をもたらしている。幸いなことに私たちの現代社会は、このような規模の小天体の衝突を経験していないが、もし、地球に衝突しそうな天体が、ある日突然見つかったら、私たちはどのような対応ができるだろうか。

実際に、一九〇八年にロシアでのツングースカで小天体の大爆発があったことが知られている。直径五〇～一〇〇メートル程度の小天体（彗星あるいは小惑星）が上空五～一〇キロメートルで大爆発し、一〇〇平方キロメートル以上の針葉樹林が黒焦げになったとされる事例である。また、二〇一三年にロシアのチェリビンスクで小天体の空中爆発が発生している。こちらの小天体の大きさは一五メートル程度の学説がいくつか発表されているので、ツングースカの大爆発よりは明らかに小さな天体であったのだろう。

このようなことが、今の私たちの暮らしに、ある日突然、告げられたら、私たちの生活はどうなるのであろうか。何が起こり得るのか想像できないかもしれない。そんなとき、想像力を高めるためには、ぜひ映画を見ていただきたいと思う。経験したこともない未知の巨大な災害に備える想像力を養うためには映画が一番である。時折、あまりにも起こりえない事象を題材にした映画もあるので、見る映画を選択するときは取捨選択していただきたいものであるが、この隕石衝突は、空想でも盛りすぎた話でもなく、この地球上に過去に起きた事実なのである。ぜひ Deep Impact という映画をご覧いただきたい。

私たち現代社会が経験していない地球規模の災害の二つ目として地磁気の停止を挙げたい。

そもそも地磁気は私たちの社会とどのような関係があるのだろうか。地磁気は、生物に有害な太陽風や宇宙線から私たちを守ってくれていると考えられている。最近、この地磁気が弱まっていることが観測されているが、私たちは地磁気がなくなった世界を体験できていない。しかし、まぎれもない地球規模の大災害となることは確実である。

こちらも二〇〇三年の映画 The Core が想像力を掻き立ててくれる。地球の磁場を生み出す力となっている地球の核（コア）の回転が停止し、地球の磁場が狂い様々な異変が起こり始める、というストーリーである。

続いて例を挙げたいのは太陽フレアである。太陽フレアは、私たちの社会も何度か経験しており、一八五九年にはヨーロッパや北アメリカの電力システムに壊滅的な影響を与え、一九八九年にもカナダで大規模な停電を発生させている。

ただし、現在の私たちの社会は、この時代以上に電気に大きく依存しており、大規模な太陽フレアによる太陽風が地球に向かってくれば、その被害はさらに大きなものになるかもしれない。実際に、二〇二二年には総務省が太陽フレアの影響を検討する会議を立ち上げ、その報告書の中では様々な被害が想定されているので、これからの災害をイメージするために、ぜひ、こちらもご覧頂きたい。

そして、世界規模で危機を共感し、対策が実施されたのはオゾン層破壊である。一九八七年にモントリオール議定書が採択され、オゾン層を破壊する物質の使用などに様々な規制がかけられている。さらには、対策が現在進行形であり、世界規模での取り組みも十分に進められているとは言い難い地球温暖化も、グローバルでの対応が必要な世界規模の災害であると考えることもできる。

また、地球温暖化では気温の上昇が懸念されているが、地球規模で太陽光を遮ることで気温の低下により飢饉を引き起こしたカルデラ噴火も地球規模で影響を与える災害ではないだろうか。カルデラ噴火も、現在、私たちが暮らす高度に情報化された社会では経験のない災害である。

さらにグローバルに地球規模での被害を与えるものに巨大津波が挙げられる。巨大津波は巨大地震によって引き起こされるが、私たちの暮らしに被害を与えるような激しい地震の揺れは、地震が発生した震源付近に限定される。しかし、津波は海を伝わって広がり、地震の揺れが感じられない場所にも大きな被害を与える災害となってしまう。

一九六〇年のチリ地震津波は代表的な事例であり、南アメリカのチリの沖で発生したマグニチュード九・五の超巨大地震によって引き起こされた津波が、ほぼ一日かけて太平洋を伝わり、揺れを感じなかった日本で一四二名の方が犠牲となる災害となった。チリ地震津波による太平洋に面した各国でのグルーバルな災害を教訓として、ハワイに太平洋津波警報センターが設立されている。

また、一七〇〇年に米国西海岸で発生したカスケード地震による津波は日本にも到達したと考えられており、逆に、日本近海で発生した二〇一一年の東日本大震災での津波も同様である。巨大な地震の揺れは、太平洋の対岸には届かない。しかし、津波は届く。津波の発生状況を確認し、津波が到達する前に太平洋沿岸諸国に警報を発することができれば津波被害を軽減できるはずである。

しかし、二〇〇四年一二月、インドネシアのスマトラ島沖でマグニチュード九・一の超巨大地震が発生し、インド洋沿岸各地を巨大な津波が襲い、多くの方が犠牲となった。

太平洋にはグローバルな津波警報センターが設立されていたが、インド洋にはなかったのである。もし、太平洋と同じような津波警報センターが設立されていれば犠牲者の数は大幅に減らすことができたはずである。

3　グローバルな災害に備えた体制づくり

グローバルな災害に備えるためには情報のネットワーク化が欠かせない。ＩＣＴの普及や高度化によって、世界規模でのネットワークが構築されており、地震、津波については、自宅に居ながらにして、世界中の地震や津波の発生状況を知ることができるようになっている。例えば、津波に関するグローバルな枠組みは、ユネスコ政府間海洋学委員会（ＵＮＥＳＣＯ／ＩＯＣ）のもとに役割分担が整備されている。米国が、アメリカ沿岸および太平洋全体の津波の監視および情報の発表を担っており、日本の気象庁は北西太平洋の担当である。また、ユネスコ政府間海洋学委員会により世界中の主な港での潮位変化をリアルタイムで見ることのできるサイトも運用されている。もし、世界のどこかで津波が発生すれば、このサイトを見ることによって、どれぐらいの高さの津波がどこに押し寄せているのかを知ることができる。

そして、インターネットで「USGS Earthquake」と検索していただくと、アメリカ地質調査所により運用されている地震観測のサイトを見つけることができるはずである。このサイトでは、世界中で発生した地震の情報をリアルタイムに見ることができる。これは、いずれもグローバルな災害に備えた情報提供の仕組みなのである。

また、小惑星などの衝突という地球規模での危機から地球を守る取り組みも進められている。プラネタリー・ディフェンス（地球防衛）という考え方であり、二〇二二年九月に米国の探査機DART（ダート）による衝突実験が行われたところである。この実験は、もし地球に衝突しそうな小惑星が見つかった場合に、探査機を衝突させることで小惑星の軌道を変更し、衝突が回避できるかを考えるための壮大な実験である。また、ATLAS（Asteroid Terrestrial-impact Last Alert System: 小惑星地球衝突最終警報システム）というシステムも実際に運用されており、日本にはNPO法人「日本スペースガード協会」が設立され、地球に接近する小惑星の情報を教えてくれている。

地球に接近し、衝突する可能性のある小惑星は比較的小さなものが多く、地球に近づいて急に発見されることがあるかもしれない。星は昼間には見えない。夜を迎えている国々が連携して、このような小惑星を少しでも早く見つけ出すことでプラネタリー・ディフェンスが実現できるかもしれない。地球規模の危機に備えるためには、国際協力が不可欠なのである。

4 ローカルな災害に備えた体制づくり

日本では、これまでに幾つもの災害を経験してきており、そのたびに私たちの社会の在り方が議論され、様々な仕組みが見直されてきた。

例えば、最近の豪雨災害では、「線状降水帯」「緊急安全確保」「避難指示」「特別警報」「記録的短時間大雨情報」などの言葉を耳にする機会が増えている。これらの情報も、過去の災害を教訓として作られた仕組みの一つであり、さらに気象庁によりキキクルというサイトも運用されるようになった。これらの情報は、地域名や市町村名、河川名など、具体的な場所を示して災害の危険性を伝えようとするものである。

ハザードマップもローカルな災害に備えた仕組みの一つともいえる。大雨などの警報は、ほぼ市区町村単位での発表となり、避難指示などの避難情報は町丁目単位で発表される。しかし、同じ町内でも、土砂災害が心配な場所、土砂は大丈夫だが洪水の心配がある場所など様々である。このようなローカルな情報を教えてくれるのがハザードマップである。ただ、ハザードマップにも課題が残されている。想定したハザードの条件が限定されているのである。例えば、洪水のハザードマップには中小河川や小さな水路から単独で溢れる水は考慮されていない。また、ハザードは時として、この想定を上回ることがある。「想定外」である。起きたハザードが想定外とならないように、ハザードマップの特性を理解して起こりうるリスクを把握し、対策を考えることが必要なのである。

写真４－４　岩手県釜石市の唐丹本郷

そして、想定外とならないための対策の一つとして、やはりハザードの大きいところには住まないようにするのが賢明である。岩手県宮古市の姉吉には、「此処より下に家を建てるな」が刻まれた石碑があることが東日本大震災の後に大きく注目されていた。ハザードの大きいところを生活や仕事の場として利用しなければ被害を受ける確率は確実に低下する。しかし、現実社会はそうはなっていない。写真４－４は、東日本大震災発生後に撮影した岩手県釜石市の唐丹本郷の様子である。

この地域では、一九三三年の昭和三陸津波の被害を受けて高台移転が行われ、その住宅は東日本大震災の津波でも流されずに済んだのだが、時の経過とともに低地に住宅開発が進み、その場所が再び津波で被害を受けている。このほかに、岩手県山田町の田の浜も同じような状況であり、Google Earth のタイムライン機能を利用して、東日本大震災前後の画像を比較すると一目瞭然である。先に紹介した田老も同じであり、高度経済成長とともに海岸沿いの低地が再び開発され、東日本大震災の津波で壊滅的な被害を受けた。

著名な寺田寅彦先生が一九三三年に書かれたエッセイ「津浪と人間」でも、このようなことを心配されており、これは人間界の人間的自然現象とも述べられている。大変、参考になるので、ぜひ、ご一読いただきたい。

5　心配される日本の災害対策

みなさんもご存じの通り、日本は災害大国とも言われる。災害は、私たちの社会の防御力とも関係してくるので、防御力が高ければ災害大国ではないのかもしれない。ただし、より多くのハザードと向かい合わなければならないのは事実である。

例えば、毎年のように頻発する豪雨災害や南海トラフで発生する巨大地震が挙げられる。これらの災害への備えとして、都道府県による被害想定が行われ、市町村によりハザードマップが作成されている。しかし、大事なのは、その被害想定をもとに、被害を減らすために何を行っているのか、という対策の内容とその結果である。

例えば、あえて施設名に言及しないが、南海トラフ地震による津波が短い時間で到達すると想定されている場所や、土砂災害や洪水の危険性が指摘されている場所に高齢者施設が数多くみられるのである。施設関係者やご近所の方は気付いているのではないだろうか。東日本大震災での岩手県山田町のシーサイドかろ、二〇二〇年七月の豪雨災害での千寿園のような災害が起こらないのか、非常に心配している。

また、災害の発生状況は、社会の備えや私たち一人一人の行動にも関係してくるので、場所や状況、時間によって変化するものである。つまりＴＰＯ（Time, Place, Occasion）なのである。しかし、今の防災教育や街づくりの検討は、被害想定やハザードマップに固執すぎており、ＴＰＯや個で考える力を養う視点が不足していると思う。

この私たちの社会で足りない部分を補ってくれると期待できるのがＩＣＴ（情報通信技術）である。今は、様々な技術が普及しているが、それを私たちの社会の仕組みとして活かすことができるのか、これが私たちの社会の問題でもある。

日本では、二〇〇五年までに世界最先端のＩＴ国家となることを目標に二〇〇〇年にe-Japan 構想を立ち上げた。しかし、その後、世界最先端のＩＴ国家が実現でき、それが維持されているだろうか。

近年、大きな社会問題となった新型コロナ感染症を思い起こしてみても、日本でのＩＣＴの普及、ＤＸ（デジタルトランスフォーメーション）への転換は十分に進んでいないことは明らかである。

東日本大震災の時も、沖合に設置されたＧＰＳ波浪計という津波の高さを測れるセンサーが巨大な津波の発生をとらえていた。また、ＧＰＳ波浪計の観測情報をもとに津波の浸水範囲を予測するシミュレーションも行われていたが、その情報は人々の避難には利用されなかった。なぜ、利用されなかったのか、利用できなかったのか、ぜひ、YouTube で「大津波は予測できていた」と検索して、この問題を取り上げた国会の動画を見て頂きたい。技術や情報があっても、それを社会にどのように活かすのか、これが日本の危機管理で心配されるポイントでもある。

私たちの社会が、いかに災害と向き合い、どのような対策を実行してゆくのか、頻発する豪雨災害、近い将来に発生すると心配される南海トラフ巨大地震に備えて、しっかりと見直す必要がある。

（阿部郁男）

第5章 災害リスク削減に向けた国際的な潮流と連携
―東日本大震災の教訓を活かす―

はじめに

この章のテーマは「災害リスク削減」と「国際的な潮流と連携」としている。残念ながら日本は、プレートの境界に存在し、台風などの影響を受けやすい中緯度に位置するために、地震、津波、火山、水災害などさまざまな自然災害があり、それを避けて通ることはできない。しかし、防災や減災は可能であり、これらの取組は古来からわが国の先人らの闘いでもあった。従って、災害および将来のリスク削減のためにはわが国がその取組の中心になり、進めていかなければならない。現在、その取組の一つと言えるのが防災国際標準化（International Standardization Organization）である。防災関係の基本概念を整理してルールとして規定し、その上でわが国で開発や実践している技術やシステムを世界標準化し、活用することを目指している。すでに、防災の基本概念については、二〇一五年に国連が第三回国連防災世界会議を開催して Sendai Framework for Disaster Risk Reduction（仙台防災枠組）が提案されている。ここには四つの優先行動と七つのグローバルターゲットをまとめており、今回の防災国際標準化の出発点となる。

二〇一五年の当時、仙台防災枠組に加えて、ＳＤＧｓ（Sustainable Development Goals）やパリ協定（Paris Agreement）など重要なアジェンが相次いで提案され、現在の国際社会の潮流となっている。この二〇一五年の一連の会議の中で最初に開催されたのが三月の仙台会議であり、多くの場合に成果文書にその開催地の名称が残されている。仙台は、ご存じのように二〇一一年三月に東日本大震災が発生し広域で複合大災害が発生した地域の一つである。ここで多くの課題が残された一方で、解決に向けた活動も始まっており、当に防災関係の会議を開催する場所としては最適であると考えられた。

本書のタイトルが「危機管理とグローバルガバナンス―政府と地域共同体の協力に向けて―」であるため、本章では、自然災害を中心にリスク軽減および危機管理に関係した取組の現状を東日本大震災の災害およびその後の復旧・復興の中で触れていきたい。そこでは、自然災害が大規模化および激甚化していること、さらにはサプライチェーンなどもあり世界がグローバル化しているため、その対策も国際的な視点が不可欠となっていることを紹介したい。

1 東日本大震災を振り返る

(1) 巨大地震の概要

二〇一一年の東日本大震災について概要を紹介したい。一言でいうと巨大地震が発生し、関連した災害が各地で同時にかつ複雑に生じた大災害となったが、今でもその実態を正確に伝えることは難しい。わが国は過去に何度も自然災害を繰り返し受けていた経験があるが、言わば人類が初めて経験した複合災害になる。歴史の中でも桁違いの規模であり、マグニチュード九・〇の地震、液状化、地すべり、巨大で衝撃的な津波、火災、そして福島第一原発事故になる。福島では災害ではなく事故と言われるが、これは自然災害が一つの原因であるが、あれだけの大きな被害が起きたのは、事前、直後、復旧などの段階でわれわれの対策や対応が被害拡大に大きな影響を与えているということであり、「事故」として扱っている。ちなみに分類としては、さらに意図的に被害を起こしたり殺人を起こすとそれは「事件」に

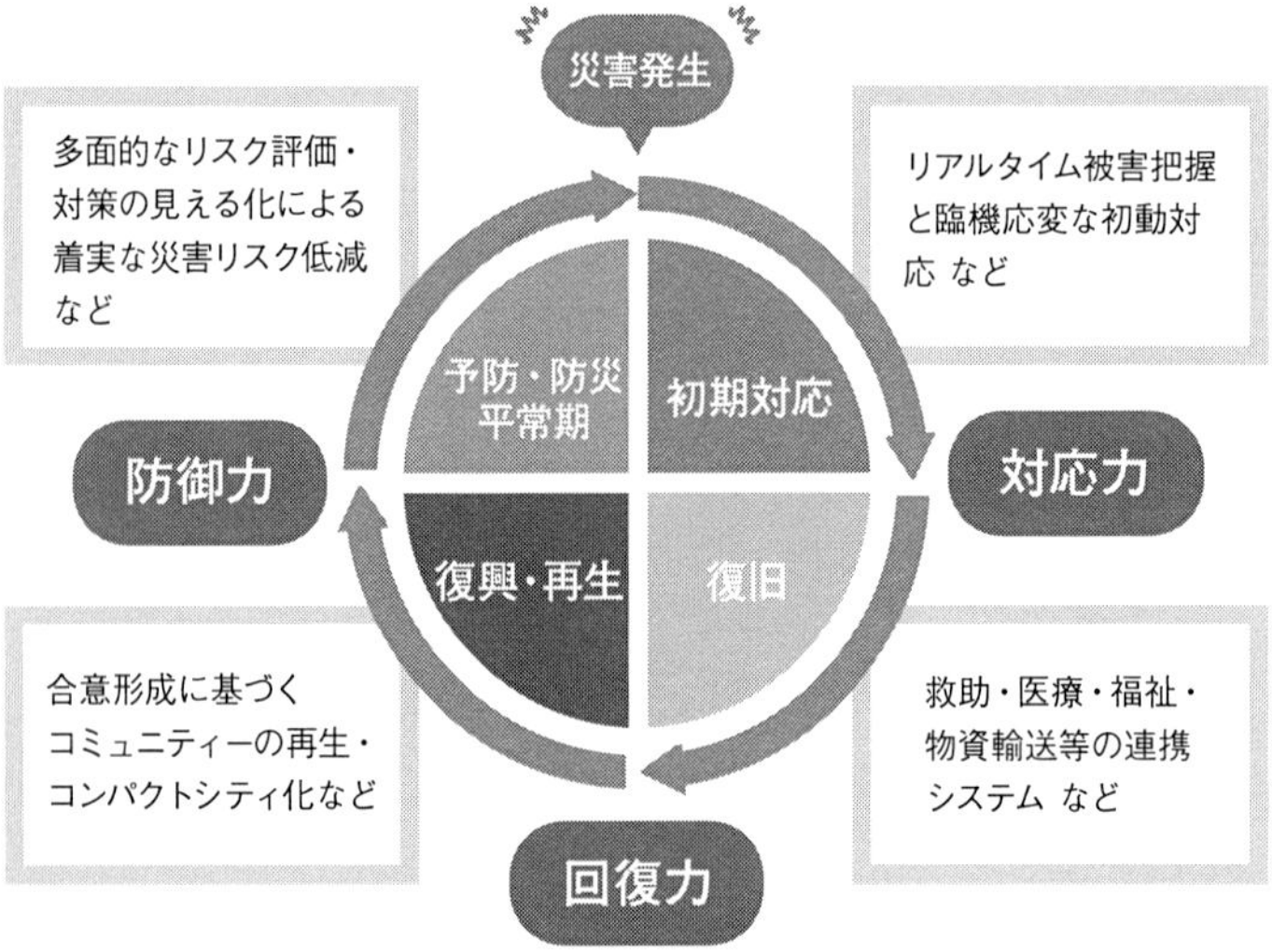

図 5−1　災害対応サイクル

（出所）　筆者作成。

なる。災害と事故と事件、さらに有事が分類され、捉え方が違うのでここで改めて紹介した。いずれにしても共通なのは大きな被害や影響を起こしてしまう社会的現象であり、災害対応サイクルと言われる、事前、事中、事後（復旧・復興）という時系列的なフェーズ毎で何が起き、何をしなければならないかを整理することが重要となる。

当時、例えば地震の直後で発生した津波に対しては、警報などを発表し命を護る対応行動をとることが不可欠である。我々自身が避難という自主行動が必要であったが、東日本大震災も含めて、リスクの認知と判断そして行動に繋げる意思決定が十分にできなかった。強い揺れの後に多くの方は、津波の心配や意識をしていたが、最終的に行動が取れないまたは遅れてしまった状況があった。当時、沿岸（津波の浸水域）には、約六〇万人がいたと推定されているが、その行動は大きく異なっていた（阿部　二〇一四）。さらに、地震や津波などが収束した後も、電気、水道、ガスなどのライフライン復旧の段階において新たな影響が出始めていた。代表例としては、ガソリンなどの燃料であり仮設住宅の確保であった。わが国でも過去に多くの被災と被害を受け、その経験を活かしたまちづくりや技術さらには生活様式が提案され整備されてきた。その効果は特に、戦後の高度成長期などで広がり、被害軽減に一定の役割を果たしてきた。しかしながら、東日本大震災では残念ながら規模が桁違いであり、社会対応システムに大きな課題を残した（今村　二〇二〇ａ）。

(2)　過去の地震活動と三・一一巨大地震の発生

改めて日本列島の位置をプレート境界と併せて確認すると、当に四つのプレートがここに存在しており、各プレート間でそれぞれの動き（速度）の違いによって、歪みエネルギーが蓄積され、ある間隔でこれが解放しているシステム（構造）が報告されている。この解放の過程で地震が発生し、同時に海底で生じた場合には津波を伴うことになる。海洋のプレートは陸よりも速度が速く、年間数センチ移動しながら、陸側の下に沈み込んでいる。大変に僅かな移動速度であるが、一〇〇年間蓄積されると数メートルになり巨大な地震を起こす断層のすべり量に匹敵する。もちろん、沈み込みで蓄積されるエネルギーのすべてが地震として放出する訳ではない。さらに、東日本大震災での地震のように超巨大な規模の場合には、通常の周期で地震としてすべて解放されずに、一部がそのまま蓄積され、数百年さらには千年間もの間に膨大なエネルギーを蓄えてマグニチュード（M）9という規模になったと推定される。通常のサイクルでの地震ではなく、スーパーサイクルの地震とも呼ばれている。整理すると、このスーパーサイクルとは、「数十年から一〇〇年単位で起きる大地震の周期」とは別に、「広範囲に甚大な被害をもたらすサイズの超大地震が数百年単位で起きる周期」を示すことになる。長い年月をかけ大地震の発生が続いて起きることにより、複数の震源域が連動して動き、その積み重ねから非常に巨大な地震を誘発することになる。

東日本大震災の発生で、地震や津波の想定は大きな見直しを迫られた。大震災後に精力的に実施された痕跡調査などから浮かび上がってきたのは、数十年から一〇〇年単位で起きる大地震の周期とは別に、広域に甚大な被害をもたらす〝超〟巨大地震ともいえる地震が数百年単位で起きる「スーパーサイクル」という周期の存在である。この一〇年余りの研究で、日本の沿岸の各地に「スーパーサイクル」が存在し、しかも、発生が切迫しているおそれのある場所も見えてきた。

東北地方の宮城県沖地震の過去の履歴を確認すると大体四〇年に一回ぐらいM7・5っていうので発生しており、地震のサイクルとしては短くしかも、かなり定期的に発生していると言われている。四〇年は人間で言うと一世代であるので、ぎりぎり世代超えることなく経験できる地震ということになる。そのために、意識が高く備えも様々な分野で実施してきた地域である。他の日本海溝や南海トラフでのサイクルは、一〇〇年程度が多く、この間隔では三世代空いてしまうために、当時得られた経験や教訓を引き継ぐことがより困難になると言える。

当時の地震の姿を知るには、各地で観測された地震動の記録を見ることになる。当日の地震の記録を見ると、震源付近から揺れが始まり約一分間続いており、これが北側および南側に伝播している。この一分間という長さは我々が体験した地震の中でも非常に長く、一九九五年兵庫南部地震（M7・3）では約三〇秒、二〇〇三年十勝沖地震（M8・0）では四〇秒程度であった。しかも、その後、一旦に収束するが、第二段階の揺れが始まり、約二分間継続したことになる。この揺れも南北に伝播していき、特に福島、茨城付近ではこの揺れにより誘発された地震による揺れも始まっていた。恐らく、第一段階の揺れだけでもM8クラスであり、第二段階のゆれにより合わせて、M9に到達したと考えられる。M8規模の地震は、この地域の歴史記録でも存在しており、大震災前の防災対策のターゲットとしていた宮城県沖地震の連動型に相当していると考えられる。しかし、その後に第二段階の揺れが起きてしまった。この地震は先ほどの通常のサイクルで発生していた規模ではなく、スーパーサイクルの中で蓄積されていた歪エネルギーが解放されたと考える。大震災後の海底調査により、断層のすべり量は三〇メートルを超えたと推定され、これだけの規模は、少なくとも数百年間の歪の蓄積に相当していると考えられる。このようなM9クラスの地震は、過去においては、一九六〇年チリ地震、一九六四年アラスカ地震、二〇〇四年スマトラ地震のみである。今後、これらに共通するスーパーサイクルの実態や発生と連動性のメカニズムを分析することにより、将来の地震リスクの評価に役立てる必要がある。

(3) 津波警報システムと当時の課題

地震発生の後に津波が発生するが、沿岸域に到達するまでは一定の猶予時間がある。そのために、地震の情報をいち早く利用して津波の高さや到達時間を推定し、津波到達前に津波情報として出すことが出来れば、避難を促すことができ人的被害を大きく軽減することが可能である。わが国では一九五二年に津波警報システムを稼働させて以来、地震発生後の津波に関する情報を提供している。一九九九年以降は、事前に地震の想定（シナリオ）を設定し、その結果をデータベースに蓄積させ、発生直後に地震の規模や位置の情報を下に、量的に津波予測を実施している。現在、わが国周辺での地震の発生後に約三分間に、第一報として津波の到達時間や高さを各予報区で発表している。

今回の地震規模はM９であり、また宮城県沖ということで地震の切迫性が指摘されているエリアで、巨大な地震とそれに伴って津波が発生した。緊急地震速報が発表され、その後に大きな長い揺れが三分以上も続いた。当時も地震観測データに基づき、三分後に津波警報・注意報が発表された。この情報は、関係自治体、メディア、関係機関に送られ周知された。当時のテレビ画面を見ることができるが、朱色が大津波警報、赤色が警報、黄色が注意報に分類される。色で分けると視覚情報としても分かりやすく、当時はすでに英語表記なども追加されていた。できるだけ多くの方々に周知いただける工夫がされていた。当時も各地避難に充てられる時間を最大限確保するため、地震データに基づき迅速に発表し、第一報は地震発生後三分で発表（津波波高は、宮城六メートル、岩手・福島三メートル）した。しかし、津波波高は実際の一〇分の一程度の過少な評価であり、津波警報第一報では、技術的な限界から地震マグニチュードを七。九と過小評価が原因であった（今村　二〇二〇b）。

その後、潮位計（一七二カ所）GPS波浪計（港湾局）（一二カ所）海底水圧計（一二カ所）を使って、速やかに津波監視を開始していた。その結果、地震発生後二八分GPS波浪計データに基づき警報が更新され、より適切な警報（最大一〇メートル以上との予想）となった。しかしながら、地震発生から二八分後と時間を要しており、すでに津波の第一波は到達していた。課題として挙がった点は、巨大地震の規模の正確な推定であり、当時、地震計が振り切れてしまった問題があった。また、地震計による津波の推定だけでは、巨大津波の推定には限界があるために、実際の津波そのものを捉える観測がさらに必要であった。そこで、東北および北海道の太平洋沖には、その後にS-net（日本海溝海底地震津波観測網）と呼ばれる高密度のリアルタイム地震・津波観測網が整備された。その後、福島県沖での余震（二〇一六年、二〇二一年、二〇二二年など）による津波やトンガでの火山性津波（二〇二二年）の津波観測に利用されている。今後、これらの技術は、国内で整備をされる予定であり、さらに、環太平洋などの海外へも技術移転を期待したい。

2　東日本大震災の被害像

(1)　広域での複合大災害―連鎖する被害像―

東日本大震災での地震や津波などのハザードを把握することに関しては、強震動の後に、リアルタム観測波形や沿岸での津波痕跡データなどがあり、また、発生後に津波の浸水・冠水、浸食・堆積による地形変化、などの挙動も広く把握できたと考える。さらに、伴って発生した被害については、人的被害、家屋・建物被害、沿岸構造物・インフラ被害などに加えて、沖合での養殖筏、船舶などの漂流、さらには、可燃物の流出と火災、道路・鉄道（車両も含む）など交通網への障害・被害、そして、原子力・火力発電所など施設への影響などが報告され、その中には従来にない規模のものもあった。現在想定される複合的な津波被害のほとんどのパターンが発生したと考えられる。

複合的なハザードによる連鎖的な被害は極めて複雑であり、図5－2に示されたような過程の理解と定量化が必要である。今後も災害は進化し続け、その発生から拡大の過程は連鎖により複雑化していくと考えるため、東日本大震災で得られるこのような知見は非常に重要

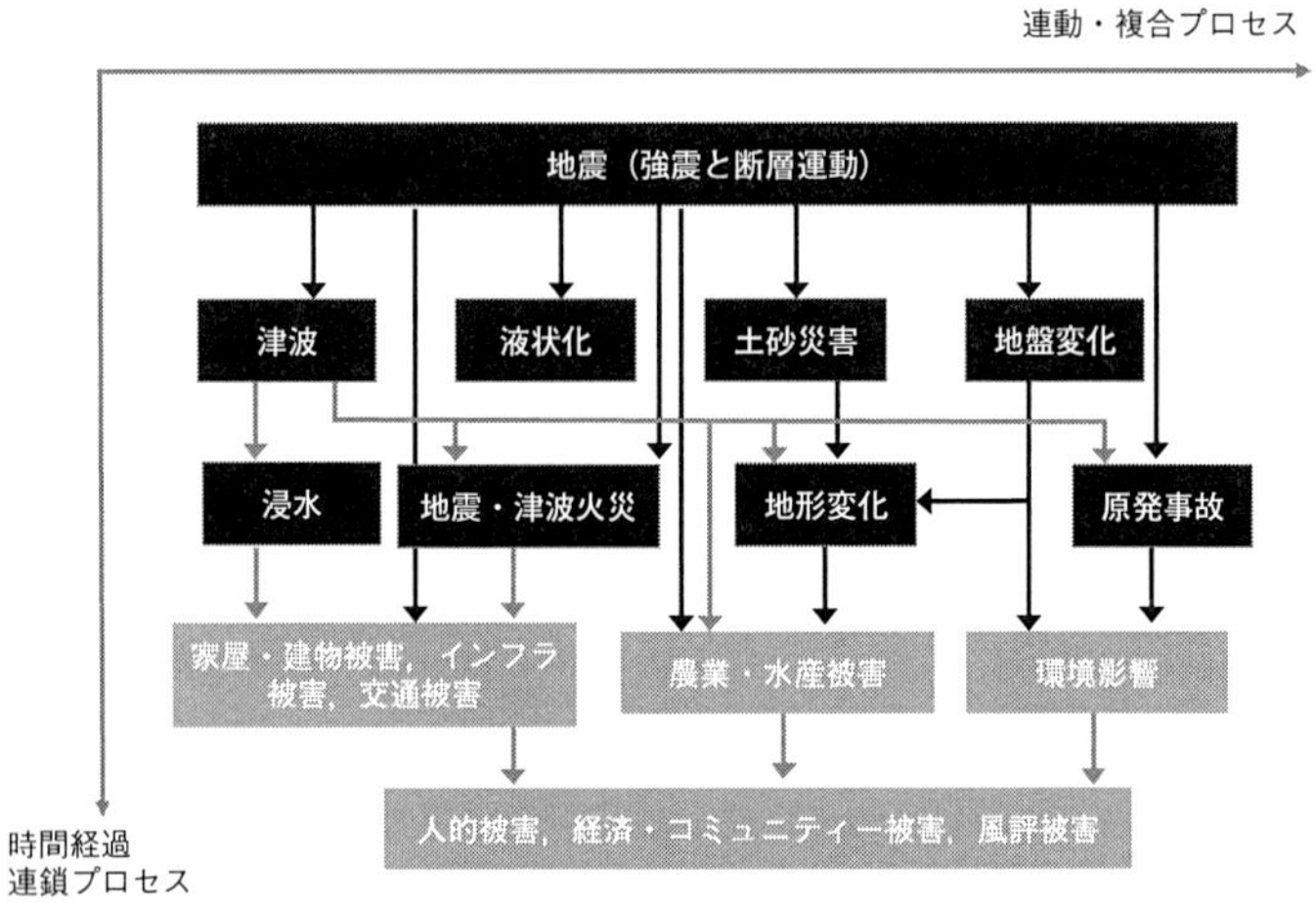

図 5−2　複合災害（連鎖する過程）

（出所）　今村（2020a）に加筆。

である。なぜなら、特に、津波は国境を越えて来襲するため、観測や予測情報を国際協力することが必要となるからである。

(2)　巨大津波による被害

当時の映像や動画で記録された巨大津波の姿は圧巻であった。特に被害の様相は我々の想像を超えて甚大であり複雑であった。津波被害は誘因・素因などにより分類ができ、これにより今後の効果的な対策や対応に役立つものと考える。津波は海水そのものであるが、その関連した被害像は多様であり、場所によりその様相が異なる。一般に、

表5－1　津波被害の誘因、素因、影響・被害例

誘因	素因	影響・被害事例
浸水・冠水	海底・沿岸地形、可燃物、土地利用形態、防護レベル、避難意識	人的被害（主に溺死、凍死、津波肺）、海水植物枯、農業被害、津波火災の発生（電線・バッテリーなどによる発火）、環境・生態破壊
流れ・流速（掃流力）	沿岸地形、土砂・堆積物、漂流物、インフラ、土地利用形態	家屋・施設被害、インフラ被害建物・構造物への浸水・冠水、浸食・堆積（地形変化）、環境・生態破壊

（出所）　筆者作成。

誘因は災害（被害や影響）を引き起こす自然力（ハザードなどの外力）を示し、素因は地形・地盤条件など地球表面の性質にかかわる自然素因と人口・建物・施設など人間・社会にかかわる社会的素因とに分類される。表5－1にまとめたように津波の場合に、誘因は浸水・冠水、流れ・波力になり、素因は海底・陸上地形、土地利用形態、防護施設などがある。この表には大震災で報告された代表的な影響・被害などもまとめている。海水の浸水による被害は過去の事例にも見られたが、流れ破壊力が増すことによる漂流物の発生と被害や地形変化など表れている。

過去に報告が無かった津波像としては「黒い津波」がある。この大震災では、写真5－1にあるような黒い津波の映像が残され、関連した建物被害や健康被害などが報告され、特に、沿岸都市部で顕著に見られた。海底に堆積された泥や砂など

が津波により一気に巻き上げられ、泥流となって陸域に流れ込んだためである。黒い津波の場合には、泥の混入による粘性が生まれ波先端の勾配が大きくなることによる波力の増加、さらには、泥水を飲み込んでしまったために気管を閉塞させる、あるいは、乾燥した後の粉塵の混入（吸引）による津波肺などが、連鎖して生じたと考えられる。今後も発生の可能性のある津波像であり、対策が求められている。

写真５－１　宮古を襲う黒い津波

（出所）『岩手日報』2011年3月13日付

３　世界での潮流と国際社会への貢献

(1)　国連による三大アジェンダ

二〇一五年は、国連の中で重要な年であった。国際社会においては、開発と環境保全、気候変動への対応、さらに激化する災害への対応など多くの課題が顕在化し解決に向けての行動の必要性が謳われていた。これらの社会課題は、相互に関係しているために、いままで個別に取組が進められていたが、この年に将来（二〇三〇年）に向けて連携させる目的で、国連主催の会議が同じ年に企画され、仙台、ニューヨーク、パリの三カ所で開催された。同年三月に防災関係の会議で仙台防災枠組が提案され後に採択、九月に二〇三〇年アジェンダとして「私たちの世界の変革：持続可能な開発のための二〇三〇年アジェンダ」ＳＤＧｓが国連総会で採択された、一二月にパリでパリ協定が提案された。その後、国際社会に周知されて、各取組の指針として認知されている。このような三大目標の一つが日本で議論され、日本の都市名が付けられた指標が世界で参照されていることは誇らしい。ただし、国内においてこの仙台防災枠組についての認知が高くないことは残念であり、今後、啓発と協力が必要である。

仙台で、二〇一五年三月一四日〜一八日に渡って、国連防災世界会議が開催された。同会議は、国際的な防災戦略について議論する国連主催の会議である。第一回（一九九四年、於：横浜）、第二回（二〇〇五年、於：兵庫）の会議とも、日本で開催された。第一回会議は一九九四年横浜市で開催され成果文書として、「より安全な世界のための横浜戦略と行動計画」が採択された。同戦略は、自然災害の防止、準備、緩和に関するガイドラインを提供するものとなった。第二回会議（兵庫）では、「兵庫行動枠組二〇〇五〜二〇一五―災害に強い国・コミュニティーの構築（HFA）」が採択された。第三回会議では、一〇年間のHFA実施を総括するとともに、HFAを継承する二〇一五年からの防災に関する国際的な指針となる後継枠組が採択された。国連加盟国のうち一八七カ国の代表を始め、国際機関、研究者、NGOを合わせて本体会議には六、五〇〇人以上、一般公開の関連イベントも含めると一五万人以上が国内外から参加し、日本で開催された国連会議では過去最大級の規模となった（内閣府、国際連合広報センター）。

第三回国連防災世界会議の成果文書として採択された「仙台防災枠組2015〜2030」では、四つの優先行動と七つのターゲットが合意され、災害リスクの理解、災害リスク管理のためのガバナンスの強化、レジリエンスのための災害リスク軽減への投資、効果的な対応のための災害準備の強化と回復・復旧・復興に向けた「より良い復興」として整理された。

(2) ルール作り―防災と国際標準化

各国で異なる製品の構造・性能や技術の規格を世界で統一した標準。国際標準化機構（ISO）などで各国が同意したデジュールスタンダード（法律上の標準）と、市場競争の中で決着したデファクトスタンダード（事実上の標準）とがある。製品の品質、性能、安全性、寸法、試験方法などに関する国際的な取極めである。国際市場においても円滑に経済取引を行っていくには、相互理解、互換性の確保、消費者利益の確保などを図ることが重要であり、いずれが保証されなくても取引上大きな障害となる。また、新技術・製品の国際的普及のためにも、技術内容が国際的に理解できる形で共有されていることが重要であることから、国際標準化への取り組みは極めて大切であるが、防災関係については、この分野では十分活動がされていない。

わが国はこれまで様々な自然災害を受け、その被災経験から得られた教訓に基づき、知見を法規制や計画の策定、技術や製品の開発などに反映させてきた。また、法律や技術基準に従って、都市開発やインフラ整備を行い、事前に投資することで防災・減災の対応力を向上させてきた。さらには、防災文化を形成しながら、地域での資産・資源（経験・教訓、智恵、科学・技術）を地域の防災活動に生かすという「地産地防」というシステムも育み実践している。しかしながら、近年の災害像の変化や規模の増大により、残念ながら各地で被害を繰り返している。また、防災の取り組みも地域での格差が広がっているとの指摘もあり、従来の防災・減災の在り方の見直しも迫られている現状がある。また、世界に目を向けると、都市化・人口過密による脆弱性の高まり、社会インフラの未整備、防災啓発や教育の未浸透、などの課題により、深刻な被害を受けている。

そこで、仙台防災枠組に加えてＳＤＧｓとなっている分野と連携できれば、今までのわが国の経験・知見、技術の貢献が強化されることが期待される。特に、地域の防災力は、ハード整備だけではなく、日々の暮らしの中で育まれるシステムが必要であり防災力を高め続けるシステムをいかに地域に実装するかをルール化する必要がある。日本国内や世界各地では被害、自然・社会環境、対策の現状、認識や意識などかなり異なる状況であるが、基本事項の整理と共通事項の提案により、共同して実施できる対策や活動が多くあるはずである。ここに新しい標準化による「概念」として共通理念が形成されれば、様々な地域での防災の活性化が期待される。今回の国際標準化のコンセプトである地産地防を他の地域と連携できれば、わが国で開発された防災関連技術や製品・商品（保険関係）の性能が明確になり、諸外国に輸出（市場）を拡大することも期待される。自然災害（ある程度予測・評価出来る災害）に対して備えることにより他の災害（人為災害、気候変動、テロなど：予測が難しい災害）に対しても対応力を向上させ、日常生活の向上にもつながる。例えば、非常時の自然災害対応を強化することで、スマートコミュニティーにおけるインフラ維持管理、情報コミュニティー形成、技術的なイノベーション促進、などの活動も強化することができると考える（今村　二〇二一）。

おわりに

従来の自然災害は地域で発生し地域での被害を与えた。そこで得られた知見や教訓は次の災害への備えを促し対策を進めることが出来た。しかし、現在は災害そのものが地球規模で進展しグローバルに影響を与え、直接被害だけでなく間接被害も拡大し、その影響は国境も越えている。国際的な連携が今後益々重要になっている所以である。

東日本大震災で大きな被災を受けた仙台市は「仙台市経済成長戦略２０２３」を二〇一九年三月に策定し、ＩＣＴ関連企業と幅広い分野の民間企業などとの協業を創出しイノベーションを促進するとともに、BOSAI-TECH としてドローンなどの実証実験などを通じた防災関連産業の創出を通して地域産業の活性化を目指している。今年度から、BOSAI-TECH イノベーション創出促進プログラムも開始されている。これらは国内に留まらず海外の企業や団体も参画し活動が開始されている。このように総合的なフレームの下で実施しながら、学術による新しい科学技術の導入、民間などによる投資と整備、行政による支援とプラットフォームの形成などの協力が不可欠であり、このような取り組みにより防災分野でもイノベーションが生まれることを期待したい。

【参考文献】

阿部博史（二〇一四）「震災ビッグデータ、可視化された〈三・一一の真実〉〈復興の鍵〉〈三次世代防災〉」ＮＨＫ出版。
今村文彦（二〇二〇ａ）「逆流する津波―河川津波のメカニズム・脅威と防災」成山堂書店。
今村文彦（二〇二〇ｂ）「防災ＩＳＯ規格活動の開始―防災イノベーションに向けて」産学官連携ジャーナル。
今村文彦（二〇二一）「東日本大震災から得た工学的な知見と今後の防災―津波工学的な視点から紹介」地震ジャーナル（二〇二一年六月）七一号、一一～二三頁。
国際連合広報センター「第三回国連防災世界会議―概要」
https://www.unic.or.jp/activities/economic_social_development/disaster_reduction/third/
防災・減災日本 CSO ネットワーク「仙台防災枠組みとは?」
https://jcc-drr.net/projects/sendai-framework/
内閣府「国連防災世界会議開催に向けた議論の流れ」
https://www.bousai.go。jp/kokusai/wcdr/flow/index.html

（今村文彦）

第6章

情報漏えいとリスク管理
―プライバシー権と個人情報保護法による統制と保護―

はじめに

現代社会は、情報の処理と流通に大きく依存しており、わたくしたちの生活基盤となっている。たとえば、クレジットカードやスマホ決算アプリがあれば、現金を使用しなくとも物を購入することができ、交通系ＩＣカードがあれば、現金を使用しなくともバスや電車に乗ることができる。こうした便益なサービスが活用できるのは、情報通信技術（ＩＣＴ）の革新によって、個人情報が蓄積され、膨大なデジタル情報がＩＣＴを介して金融機関や店舗等で利用できるようになったからである。わたくしたちの生活の利便性は大きく向上したが、反面、保有している顧客の個人情報が外部に流出してしまう漏えい事件の発生が相次ぎ報告されている。

個人情報が漏えいすると、ウェブサービスのアカウントが乗っ取られるなどの影響があり、それに紐づいているIDやパスワード、氏名、住所、クレジットカード等の個人情報が第三者に知られてしまうことになる。このような情報はダークウェブで売買されたり、ECサイトで不正利用されたり、詐欺や架空請求に悪用されたりする可能性がある。

企業にとっても個人情報流出は大きなリスクである。個人情報を流出させると社会的信用が失墜し、利益や売上げの減少に繋がるほか、罰則金や漏えいによって被害を受けた個人・企業への損害賠償義務が発生する。それればかりではない。顧客や取引先等からの問い合わせや苦情に対応したり、情報が流失した経緯や原因・影響範囲など早急に調査して、効果的な対策を講じる等の措置に多くの時間や労力が費やされることになる。

一度個人情報が流出すると、個人や企業は被害や損失を被るリスクに曝される。東京商工リサーチによると、個人情報漏えい事故の原因となった媒体は、「社内システム・サーバー」が七六件（構成比四六・〇%）、次いで「パソコン」が六〇件（同三六・三%）と全体のおよそ八割を占める（東京商工リサーチ　二〇二三）。インターネットを介して、国境を越えて瞬時に情報が広まる現代社会において、企業や組織の情報セキュリティーに対するリスク管理は重要である。

情報セキュリティー対策としては、技術的な手段が注目を集めがちだが、法律や自主規制等によるルールの設定が不可欠であり、個人の権利利益の保護という観点からは、個人情報保護法制が特に重要である。

「個人情報保護」というと「プライバシー権保護」と同一であるかのように思われがちだが完全に同じではない。個人情報保護法が保護する個人の権利利益とは、個人情報の取扱いによって侵害されるおそれのある、個人の人格的、財産的な権利利益全般である。

これには、個人の秘密が公開されない、誤った不完全な情報によって自己に関し誤った判断がなされない、保有されている自己の情報を知ることといった、いわゆるプライバシーとして議論されるものが含まれる。一方、プライバシー権として保護されるべき利益は、極めて多様であり、例えば、子どもを産むか生まないかを自分で決定することや、地下鉄内の商業宣伝放送といった聞きたくない音を聞かされない自由といった個人情報の取扱いに関係しないものも多く含まれる。このようなプライバシーの利益の保護は、民法上の不法行為等の問題である（宮下 二〇〇一、六六〜六八頁、総務庁行政管理局 一九九〇、五六〜五七頁）。

日本の個人情報保護法は二〇〇三年（平成一五年）五月に成立したが、個人情報を取り巻く環境の変化に対応するために、二〇一五年（平成二七年）、二〇二〇年（令和二年）に改正を受け、二〇二一年（令和三年）には大幅な制度見直しがなされている。以下では、まず日本におけるプライバシー権の状況について紹介し、つぎに、個人情報の保護に係る国際社会の動向および日本の個人情報保護法制について構造面を中心に概説する。

1　プライバシー権の生成・変容と学説・判例の展開

個人情報保護とプライバシー権保護は密接な関係があるが異なった制度である。しかし、プライバシー概念の変容が個人情報保護法制の生成・発展に影響を与えた。

プライバシー権は、一九世紀末の米国で提唱された。当時はマスメディアが急速に発展し、ゴシップ紙が扇情的な報道により有名人の私生活を暴露するといった事件が多発した。こうしたイエロージャーナリズムに対抗するために、「独りにしておいてもらう権利」として提唱されたのが「プライバシー権（伝統的プライバシー権、又はマスメディア・プライバシー権）」であった。伝統的プライバシー権の考え方は、日本にも影響を与え、三島由紀夫執筆のモデル小説「宴のあと」事件（東京地判昭和三九年九月二八日下民集一五巻九号二三一七頁）で、東京地裁は「みだりに私生活を公開されない法的保障ないし権利」と定義し、不法行為が成立するための三要件を示した。

本判決以降、プライバシー権に関する議論が活発化し、下級審において私事の公開（「伝統的プライバシー」の侵害）に係る判決がいくつも下されるようになった。

一方、米国においては、プライバシー権の内容が変化を迎えていた。すなわち、一九六〇年代になると米国では、福祉国家の進展に伴う行政権の肥大化、コンピュータの普及によって、本人が知らないうちに政府や組織がコンピュータを介して個人情報を収集・蓄積し、管理していることが問題視されるようになり、プライバシー権を「自己に関する情報の流通をコントロールできる権利（自己情報コントロール権、又は現代的プライバシー権）」として再構成する「情報プライバシー権説」が提唱されるようになった。

その後、日本においても、プライバシーを憲法一三条に基づく「自己に関する情報をコントロールする権利」と捉えなおすようになり、プライバシー権の内容も、国家や私企業が保有する個人情報の開示を求め、訂正や削除を行わせる権利と理解されるようになった。自己情報コントロール権説は、現在プライバシーの権利の通説としての地位にあるが、プライバシーという概念自体が極めて多義的であることから、その定義や権利内容をめぐっては学説上議論がある。また、これまでプライバシーに係る訴訟が多数提起されているが、最高裁判例はプライバシー権が法的保護に値する人格的利益であることを認めているものの、「自己に関する情報の流通をコントロールできる権利（自己情報コントロール権）」が憲法一三条により保護された人権として認められるか否か、その外延や内容はどのようなものであるかについて正面から判断していない。とはいえ、判例は、プライバシー侵害が不法行為となりうることを前提とした判断を下しており、プライバシーが侵害された場合は、損害賠償請求や差止めによる救済を求めることができる。

情報漏えいと自己情報コントロール権との関係で興味深いのは、大学が中華人民共和国国家主席の講演会への参加を申し込んだ学生の学籍番号、氏名、住所、電話番号を警備のために警察に提供した行為の違法性が争われた早稲田大学江沢民講演会名簿流出事件（最判平成一五年九月一二日民集五七巻八号九七三頁）である。本判決は、通説である自己情報コントロール権という法律構成は採用せず、「本人が、自己が欲しない他者にはみだりにこれを開示されたくないと考えることは当然のことであり、そのことへの期待は保護されるべきものであり……Xらの意思に基づかずにみだりにこれを公開することは許されない」として、「合理的期待の裏切り」を帰責根拠として、氏名や住所のような秘匿されるべき必要性が必ずしも高くない個人情報であってもプライバシーに係る情報として法的保護の対象となることを認めた。

本判決は「ベネッセ個人情報流出事件（最判平成二九年一〇月二三日判時二三五一号七頁、判タ一四四二号四六頁）」でも踏襲され、最高裁は、会員と親権者の氏名、性別、生年月日、住所等の個人情報は、プライバシーに係る情報として法的保護の対象となると認定し、不快感等を超える損害の発生についての主張、立証がないとして上告人（控訴人）の請求を棄却した原審の判断を破棄し差し戻した。

わが国のプライバシー権は判例法によって生成・発展している。当初は私事の公開に係るものがプライバシー侵害として訴訟提起され、プライバシーの三要件をみたした場合やその事実を公表されない利益とこれを公表する理由とを比較衡量（最判平成一四年九月二四日集民二〇七号二四三頁「石に泳ぐ魚」事件判決）してプライバシー権が認定されていた。その後、コンピュータやインターネットの普及により任意に提供された個人情報が漏えいした事案が訴訟提起されるようになり、個人の氏名や住所のような識別情報もプライバシーに係る情報として法的保護の対象となるとして、合理的期待を裏切って「自分が欲しない他者」に公開されたような場合もプライバシー侵害として認定されるようになってきている。

他方で、プライバシー侵害の訴えが認容されても、判決が認める損害賠償額は、極めて低額である。表6－1は個人の識別情報が流出して訴えが認容された事件の一部であるが、賠

表６－１　個人情報漏えい事件

	事件名	漏えいした情報	損害賠償額
1	ニフティ事件 （神戸地判平 11.6.23）	氏名、職業、診療所の住所及び電話番号	慰謝料 20 万円
2	宇治市住民基本台帳漏えい事件 （京都地判平 13.2.23）	個人連番の住民番号、住所、氏名、性別、生年月日、転入日、転出先、世帯主名、世帯主との続柄等	１人当たり慰謝料１万円、弁護士費用５千円
3	早稲田大学江沢民講演会名簿流出事件 （最判平 15.9.12）	学籍番号、氏名、住所、電話番号	１人当たり慰謝料５千円
4	大洲市署名収集活動受任者名簿情報公開事件 （松山地判平 15.10.2）	署名活動受任者の氏名、住所、生年月日	１人当たり慰謝料５万円
5	Yahoo! BB 事件 （最判平 19.12.14）	住所、氏名、電話番号、Eメールアドレス、Yahoo メールアドレス、Yahoo JAPAN ID、申込日	１人当たり、慰謝料５千円、弁護士費用１千円
6	TBC アンケート流出事件 （東京高判平 19.8.28）	アンケート等を通じて提供された氏名、住所、電話番号、メールアドレス、関心を有しているエステティックサロンのコース名等	二次被害を受けた者は１人当たり慰謝料３万円、弁護士費用５千円、それ以外の者は慰謝料１万７千円、弁護士費用５千円
7	公安テロ情報流出被害国家賠償事件 （東京高判平 27.4.14）	住所、氏名、生年月日、モスクへの出入状況、本人や配偶者の勤務先、子どもの通学先、前科・前歴等	1人当たり慰謝料500万円、弁護士費用各50万円、原告の1人の妻については慰謝料200万円、弁護士費用20万円

（出所）筆者作成。

償金の項目は全て精神的苦痛に対する慰謝料であり、複数の二次被害があった1、機微情報の流出であった7を除き、数千円～数万円しか認められていない。また、これまで集団訴訟も含めて一九件の訴訟が提起されている「ベネッセコーポレーション顧客情報流出事件」では、いずれも一人当たり一〇〇〇円～三〇〇〇〇円の慰謝料が認められているにすぎない。

2　プライバシー・個人情報の保護と国際社会の動向

「個人情報保護制度は、個人に関する情報を取り扱う国および地方の機関や民間事業者に対し、その取扱いに関して一定の規律を行うことによって個人情報の保護を図ろうとする制度である（曽我部　二〇二〇、二〇六頁）」。

個人情報の不適切な取扱いによって漏えいが生じた場合は不法行為となり得るが、不法行為の場合は訴えを裁判所に提起することによって損害賠償又は差止めを請求する事後的な救済制度である。これに対し、個人情報保護法は、権利侵害を未然に防止するために個人情報の適正な取扱い方法を定めた行政取締法規であり、委員会による監視監督等によって実効性を確保しようとするものである。

日本において国レベルの個人情報保護法が制定されたのは二〇〇三年のことである。制定の直接的な契機は住民基本台帳ネットワークシステム（住基ネット）の導入や個人情報大量漏えい事件によるものであったが、ＯＥＣＤの理事会勧告やＥＵ（欧州連合）の個人データ保護指令への対応が迫られたことも遠因となっている（岡村　二〇二二、七頁）。

(1) OECDプライバシー・ガイドライン

個人情報保護制度が登場したのは一九七〇年代である。米国では、伝統的プライバシー権だけでは、コンピュータの発達した情報化社会での人権保障が困難であるとの認識が広がり、一九七四年に連邦政府が保有するコンピュータ登録データを対象とした「プライバシー法」が成立した。また、西欧諸国では、コンピュータの普及によってプライバシーの危機が叫ばれるようになり、一九七〇年にはドイツのヘッセン州で、一九七三年にはスウェーデンでデータ保護法が成立し、一九七七年から一九七九年にかけて個人情報保護法の制定が相次いだ。日本においても、一九七〇年代前半から先進的な地方公共団体が個人情報保護条例を制定するようになった。

一方、各国で個人情報保護に関する全く違った法律やガイドラインが存在することにより、国際的なビジネスの事業活動に利用する個人情報の流通に際し様々な問題が発生するようになった。特に、欧州の法律には、個人データの国外処理を制限するものが多く存在した。そのような制限条項は、自国民のプライバシー保護には役立つが、諸国間の情報の自由な流れを阻害する。このことは、全地球規模の通信ネットワークを保持し、欧州の市場を圧巻してきた米国にとって経済的な脅威となった。その結果、米国と欧州で利害が対立するようになった（石井　二〇〇八、三〇一頁）。この問題は米国からＯＥＣＤ（経済協力開発機構）に持ち込まれ、一九八〇年にＯＥＣＤは、各国が満たすべき個人情報保護のレベルを一定にするためのガイドラインを策定し、各国がこのガイドラインに従って自国の制度を整えていくという合意を行った。これが「プライバシー保護と個人データの国際流通についてのガイドラインに関する理事会勧告」である。

この勧告の付属文書ＯＥＣＤプライバシー・ガイドラインは、「プライバシーの保護」と「情報の自由な流通の確保」という競合する二つの価値を調和させるために、「ＯＥＣＤ８原則」（表６－２）を示し、加盟各国に対し、この原則を国内法制に反映させることを求めた。ガイドラインであることから国際法上の拘束力を持つものではないが、二〇一三年の改訂を経て、日本を含む各国の立法に影響を与え、今日もなお個人情報保護法制のグローバル・ス

表6－2　OECD８原則

1	目的明確化の原則	個人データの収集目的を明確にし、データ利用は収集目的に合致するべきである。
2	利用制限の原則	個人データは、(a) データ主体の同意がある場合や (b) 法律の規定による場合を除いて、目的明確化の原則により明確化された目的以外の目的のために利用してはならない。
3	収集制限の原則	個人データの収集には制限を設けるべきであり、いかなる個人データも、適法かつ公正な手段によって、かつ、情報主体の同意を得た上で収集されるべきである。
4	データ内容の原則	収集する個人データは、その利用目的に沿ったものであるべきであり、かつ正確、・完全・最新なものに保たれなければならない
5	安全保護の原則	個人データは、その紛失又は不正なアクセス・破壊・使用・修正・開示などの危険に対し、合理的な安全保護措置により保護されなければならない。
6	公開の原則	個人データ収集の実施方針等について公開し、データの存在、利用目的、管理者等についてデータ主体に明示するべきである。
7	個人参加の原則	データ主体に個人データ収集の実施方針等を公開し、データの存在、利用目的、管理者等を明示しなければならない。
8	責任の原則	データ管理者は、以上の 1～7 の諸原則を実施する責任を有する。

（出所）　内閣府国民生活局「個人情報保護法に関する法律説明資料」より作成。
https://www.fsa.go.jp/singi/singi_kinyu/siryou/kinyu/tokubetu/f-20040120-1/02_01.pdf

タンダードとなっている。

(2) EUにおける個人情報保護法制

今日、世界の個人情報保護法制に最も大きな影響を与えているのはEU(欧州連合)である。EUでは、市民の権利を定める欧州連合基本権憲章において、個人データの保護は基本的人権とされている。この背景には、ナチスがユダヤ人を迫害する際に個人データを悪用したことへの反省があるとされる(近藤 二〇二三、二一頁)。

個人情報保護立法には、①一つの法律で公的部門と民間部門の双方を規制するオムニバス方式(包括的データ保護法制)、②両者を別の法律で規制するセグメント方式、③特定の分野で保護措置を講じるセクトラル方式(個別分野別方式)がある。EUの個人情報保護法はひとつの法律で、公的部門のほか民間部門も対象とする包括的データ保護法制を採用する。

EU構成国の個人情報保護法もOECDのプライバシー・ガイドラインを踏襲していたが、加盟国各々の個人情報保護法の保護内容が、情報の自由な移動を障害するようになっていたことから、EUは加盟国の個人情報に関する立法の調和、統一を図ることを目的として、一九九五年にデータ保護指令(Data Protection Directive 95)を採択した。当指令は、EU枠内で求められる個人情報の水準を定め、構成国にこれに応じた国内立法を求めるものである。しかし、指令のなかにEU域内各国からの第三国への個人データの越境移転は、当該第三国が十分なレベルの保護措置を講じているとEUが認定した場合にのみ認められるといういわゆる第三国条項（第二五条一項）が盛り込まれていた。そのため、EU域外の国々も加盟国から自国へのデータ移転が禁じられることを危惧し、「十分なレベルの保護」に適合するように自国の法を整備する等対応を迫られることとなった。

EUデータ保護指令は、加盟国が指令に基づく国内法を整備することで初めて効力を有する。しかし、裁判制度など基盤となる制度が異なっていたり、事前規制（届出、登録制度）を行っている国もあるなど、各国によりその対応は異なっていた。また、急速な技術発展及びグローバル化を受け、より厳格な個人情報保護が必要とされるようになっていた。そこで、二〇一六年にデータ保護指令に代えて、加盟国に直接適用することができる「一般データ保護規則（General Data Protection Regulation：GDPR）」が採択され、二〇一八年五月から適用開始となった。これにより、EU域内でのデータ保護法は原則として一本化されたことになる。

GDPRは、欧州経済領域（EEA：EU加盟二八カ国およびアイスランド、リヒテンシュタイン、ノルウェーを加えた三一カ国）の個人データ保護を目的とした管理規則であり、個人データの移転と処理について法的要件が定められている。また、個人データには適正な管理が必要とされ、違反には厳しい制裁金を課す制度が定められている。これらを執行する機関は、加盟各国のデータ保護監督機関（SU-Supervisory Authority）である。データ保護監督機関はデータ保護指令の執行機関であったデータ保護機関（Data Protection Authority）が移行する形で組織された。監督機関は任務を執行し権限を行使する際には完全な独立性をもって行動することが求められており（GDPR第五二条第一項）、権限や委員の任命等はGDPRに規定されている。

個人情報の越境移転の制限もGDPRに引き継がれており、EEA域内で取得した「氏名」や「メールアドレス」「クレジットカード番号」などの個人データをEEA域外に移転することは原則として違法となる。EEAで事業を営む場合だけでなく、EEAに現地法人を置いていない事業者の場合も、①EEA域内のデータ主体に対して商品やサービスを提供する場合（たとえば、旅行サービス事業者、ホテル事業者、Eコマース事業者等）や、②EEA域内のデータ主体がEEA域内で行う行動への監視に関連する処理の場合（たとえば、ユーザーによるネット閲覧履歴や動きなどのデータを分析し、ターゲティング広告を打つといった場合等）にも適用となる。個人データを含んだ電子形式の文書を電子メールでEEA域外に送付することも「移転」に該当するので違法である。ただし、欧州委員会が、データ移転先の国が十分なレベルの個人データ保護を保障していることを決定している場合（十分性決定が既に行われている場合）は例外的に適法となる（GDPR第四五条）。十分性が認められていない場合は、標準契約条項（SCC）の締結、もしくは拘束的企業準則（BCR）の承認などが必要である。

欧州委員会が十分なレベルの個人データ保護を保障している旨を決定している国・地域には、アルゼンチンやイスラエル、カナダ、日本、韓国などがある。日本が十分なレベルの個人データ保護を保障している国として十分性認定がなされたのは二〇一九年である。ただし、公的部門（国の機関、独立行政法人、地方公共団体、地方独立行政法人等）、学術分野は当時の個人情報保護法では適用除外とされていたため、その効力は及ばないことになった。

GDPRに違反した場合は巨額の制裁金が課されている。義務違反の類型によって、制裁金の上限額は、①一〇〇〇万ユーロ、または、企業の場合には前会計年度の全世界年間売上高の二％のいずれか高い方と②二〇〇〇万ユーロ、または、企業の場合には前会計年度の全世界年間売上高の四％のいずれか高い方の二種類がある（GDPR第八三条）。

たとえば、「監督機関に協力しなかった」という義務違反の場合、①が適用となる。売上高が一〇〇億円の企業グループの場合、売上高の二％は二億円であり、一ユーロ＝一四三円で換算した場合、一〇〇〇万ユーロは約一四億三〇〇〇万円となり、制裁金の上限額は一四億円を超える。「個人データの処理に関する原則を遵守しなかった」という義務違反の場合、②が適用となる。前会計年度の全世界年間売上高が一〇〇億円の企業の場合、売上高の四％は四億円であり、二〇〇〇万ユーロを一ユーロ＝一四三円として換算すると、約二八億六〇〇〇万円となり、制裁金の上限額は三〇億円に近いレベルとなる。実際に、ホテル事業を営む大手企業Marriott International社は、約三億三九〇〇万件の個人情報を流出させたことで約一三五億円の制裁金を科せられた。また、約五〇万人の顧客データを漏えいさせたとして、航空事業を営むBritish Airways社は、約二五〇億円の制裁金が科された。制裁金制度の趣旨について、欧州委員会は、個別の事案における制裁のみならず、制度の存在自体により違反行為の抑止を図る一般予防の観点も含まれるとしている（石井 二〇一九、六四頁）。

(3) 米国の個人情報保護法制

「包括的データ保護法制」を採るＥＵとは異なり、米国における個人情報保護に関する制度は、公的部門については、プライバシー法（一九七四年制定）が包括的に規制し、民間部門については、自主規制を基本とし、機密性の高い「信用・金融」、「情報通信」、「医療」等の特定分野については個別法が規制する。プライバシー権に関して、米国では政府の規制・介入を嫌う憲法の伝統があり、このようなプライバシー権の自由権的・消極的な権利観が個人情報保護立法にも影響を与えていると指摘されている（近藤　二〇二三、六頁）。

自主規制は、主として各企業がプライバシーポリシー等を任意に策定して公表する方式であるが、違反行為については反トラスト法の執行と共に、消費者保護やプライバシー保護も担う連邦取引委員会（ＦＴＣ）が連邦取引委員会法第五条に基づき、差止め、排除命令、民事制裁金を課すなどの措置を講じている（岡村　二〇二一、二四〜二五頁、近藤　二〇二三、一〇〜一一頁）。

上述したように、ＥＵデータ保護指令中に十分な個人情報保護のレベルを実現していない第三国へＥＵ各国からの個人情報の移転を禁止する条文を各国法に求める、いわゆる「第三国条項」が含まれていたため、包括的な個人情報保護法制を持たない米国は自主規制に任せるだけでは、問題が生じる可能性があった。このため一九九九年、合衆国商務省がＥＵ指令と同レベルの「セーフハーバー原則」を作成し、「セーフハーバー原則」の遵守を自ら宣言した米国企業においてはＥＵと同水準の個人情報の保護がなされているとみなすこととした。この「セーフハーバー原則」に基づき、ＥＵと米国は二〇〇〇年に「セーフハーバー協定」

を締結し、ＥＵからの個人データの移転が認められることとなった。ところが二〇一五年一〇月六日、欧州司法裁判所が Schrems I 判決において本協定は無効であるとの判決を下したことから、ＥＵデータ保護指令に則って、合法的に欧州市民の個人データを米国に移転するための新しい規定としてプライバシーシールドが設けられ、二〇一六年八月一日から施行された。しかし、欧州司法裁判所は二〇二〇年七月一六日の Schrems II 判決において、米当局による監視プログラムなどを理由としてプライバシーシールドを無効と判断し、また、ＳＣＣは有効だが相手国のリスクに応じて補完的措置をとる必要があるなどの見解を示した。この判決を受けて、欧州委員会はＳＣＣの改定版を作成し、データの移転先国にＥＵ加盟国の監督機関の是正命令・賠償命令等の措置に服す義務やＥＵ加盟国裁判所の管轄に服す義務などの追加的保護措置を講じた。その後も合衆国商務省は欧州委員会と交渉を続け、二〇二三年七月一〇日、欧州委員会は、ＥＵから米国への個人データの越境移転のためのＥＵ－米国データプライバシーフレームワーク（ＤＰＦ）に対して十分性を認定した。同決定は、新たな枠組みの下、ＥＵから米国企業へ移転される個人データについて、米国がＥＵと同等レベルの保護を確保していると結論付けており、今後この新たな十分性認定に基づき、個人データはＥＵからＤＰＦに参画する米国企業へ、追加のデータ保護措置を講じることなく移転することができることになった。

米国が民間部門で採用する分野ごとの制定法とFTCの法執行を背景とした自主規制では、規制内容に統一性を欠き限界があると指摘されてきた（松前　二〇二一、八四頁）。そこで、近年カリフォルニア州をはじめとして、バージニア州、コロラド州、コネチカット州、ユタ州が州レベルで官民に共有する包括的なデータ保護法を成立させており、他にも検討を進めている州が複数存在する。

しかし、州レベルでの包括的なデータ保護法が複数採択されるようになると、企業は重畳的にコンプライアンス対応を行わなければならず、これが事業活動の足かせとなる可能性がある。また、米国の立法形態では、国際的な規制競争の観点から包括的データ保護法制を採った国に後れを取る懸念もある。そこで、連邦レベルでのデータプライバシー法案採択の必要性が主張されており、近年では包括的な個人情報保護法である「米国連邦データプライバシー法案」が連邦議会に度々提出されるようになっている。

3　日本の個人情報保護法制

(1)　二〇〇三年（平成一五年）個人情報保護法

日本においては、先進的な地方公共団体が個人情報保護条例等を国に先駆けて制定していたが、欧米における個人情報保護法制定の動きやＯＥＣＤの理事会勧告を受けて、国レベルで個人情報保護法を制定する機運が高まり、一九八八年（昭和六三年）には、国の行政機関が保有するコンピュータ処理を対象とする「行政機関保有電子計算機処理個人情報保護法（旧行政機関個情報保護法）」が制定された。一九九〇年代後半になると、「宇治市住民基本台帳データ大量漏えい事件」をはじめとする情報漏えい事件が頻発したことに加え、住民基本台帳法改正による住基ネットの導入が予定されていたことから、民間部門を対象とする個人情報保護法の必要性が認識されるようになり、政府は二〇〇一年（平成一三年）に法案を提出した。

この法案は廃案になるなど紆余曲折を経たが、二〇〇三年（平成一五年）に「個人情報保護法」、「行政機関個人情報保護法（行個法）」、「独立行政法人等個人情報保護法（独個法）」の個人情報保護法三法が成立し、行政機関と民間部門全体をカバーする現在の個人情報保護法制の基盤が形成された。

上述したように、個人情報保護立法には、①一つの法律で公的部門と民間部門の双方を規制するオムニバス方式（包括的データ保護法制）、②両者を別の法律で規制するセグメント方式、③特定の分野で保護措置を講じるセクトラル方式（個別分野別方式）がある。二〇〇三年（平成一五年）に成立した個人情報保護法は、第一章から第三章に公的部門・民間部門の双方に共通する事項を定め、第四章から第七章は民間部門の個人情報についての規定を置いた。そして、公的部門については「行個法」と「独個法」に定めをおき、地方公共団体については、各地域の個人情報保護条例に委ねた。このような方式は、「民間部門の個人情報保護について、個別分野ごとに規制し一般法を持たない米国型のセクトラル方式を否定し、民間部門の個人情報保護の一般法を定めた点では欧州型」という点で、「欧州型と米国型の折衷的性格」であると指摘されている（宇賀　二〇〇五、一二一頁）。つまり、日本は「セグメント方式」の立法を採用したことになる。

執行機関については、個人情報保護を所轄する第三者機関が強力な行政的監督を行う欧州諸国や、自主規制が中心ではあるが企業が公表するプライバシーポリシーに違反した場合に

ＦＴＣによって重い制裁が課される米国とは異なり、各事業を所轄する大臣が当該事業について個人情報保護法の監督・執行を行う主務大臣制が採られた。

なお本法には、二〇〇三年（平成一五年）の制定から二〇二一年（令和三年）の改正法に至るまで、自己情報コントロール権という言葉は登場しない。しかし、自己情報コントロール権説の「個人情報の取扱いについて本人が必要な範囲で自己の情報に適切に関与できるようにすべき」という趣旨は重要であると認識されており、本人による開示、訂正、利用停止・消去請求、目的外利用の制限、不適正利用の禁止といった本人関与のメカニズムを法的に整備することによってこれを具現化しているとされる（第二〇四回国会衆議院内閣委員会第一三号、富安泰一郎発言、岡村　二〇二二、五六～五七頁）。

(2)　二〇一五年（平成二七年）の大改正

成立してから十余年を経て個人情報保護法は初めて大幅な改正を受けた。改正の背景としては、ＩＣＴの飛躍的な進歩により、制定当時に想定していなかったパーソナルデータの利活用が可能となり、既存のルールでは十分に対応できない課題が生じてきたことが挙げられる。より具体的には、個人情報に該当するかどうかの判断が困難ないわゆる「グレーゾーン」

が拡大してきたことや、パーソナルデータを含むビッグデータの適正な利活用ができる環境の整備が必要と認識されてきたこと、事業活動がグローバル化し国境を越えて多くのデータが流通するようになったこと等である。こうした背景を踏まえ、二〇一五年（平成二七年）の改正では、個人情報保護委員会が新設され、個人情報取扱事業者に対する監督権限が各分野の主務大臣から委員会に一元化された。また、個人情報の範囲の明確化、要配慮個人情報の規定の新設、第三者提供に係る保護の強化、匿名加工情報の規定の新設、外国に対する情報移転に関する規律の新設等が行われた。さらに、立法過程で生じた「ベネッセコーポレーション顧客情報流出事件」を受けて、トレーサビリティの確保（第三者提供に係る確認及び記録の作成義務、不正な利益を図る目的による個人情報データベース提供罪の新設）といったいわゆる名簿屋対策が付け加えられた。加えて、附則第一二条第三項に「三年ごとの見直し規定」が追加された。

(3) 二〇二〇年（令和二年）の改正

二〇一五年改正法の「三年毎の見直し規定」に基づき、①本人の権利保護の在り方、②事業者の守るべき責務の在り方、③事業者による自主的な取組を促す仕組みの在り方、④データの利活用に関する施策の在り方、⑤法令違反に対するペナルティーの在り方、⑥法の域外適用、越境移転の在り方の観点から個人情報保護法が見直された。

見直しのなかで、就職情報サイト「リクナビ」を運営する会社が、本人の同意を得ずに学生の応募先企業に対して、リクナビなどのウェブサイトの閲覧記録からAIを用いて内定辞退スコアを作成し提供していた「リクナビ事件」や官報に掲載された破産者情報の住所をインターネットの地図上に掲載した、いわゆる「破産者マップ事件」を教訓として、本人の権利保護を強化するために、個人関連情報の第三者提供の制限、個人情報の不適正利用の禁止、利用停止・消去権の拡充、第三者提供記録の開示義務等の各条項が盛り込まれた。

(4) 二〇二一年（令和三年）の大改正

政府は、デジタル社会の進展や個人情報の有用性の高まりを背景として、国や地方のデジタル業務改革を強力に推進して官民や地域の枠を超えたデータ利活用が活発化していく方針を打ち出し、二〇二一年にデジタル社会形成基本法とデジタル庁設置法を含む六つのデジタル改革関連法が成立した。これを受けて、個人情報保護法制は立法形式の変更を含む抜本的な改正を受けた。改正法の要点は、図6-1の通りである。

特に重要な改正は①である。民間事業者の監督機関である個人情報保護委員会は、従前、マイナンバー法、行政機関及び独立行政法人等の非識別加工情報の取扱いを除き、公的部門を監視監督していなかったが、民間部門と併せて一元的に監督を委ねることとなった。これにより、公的機関への個人情報保護委員会の監督権限が拡大されることになった。

また、従前は立法形式として、セグメント方式を採用し、民間部門の個人情報保護に関する一般法として「個人情報の保護に関する法律」、国の行政機関の個人情報保護に関する一般法として「行個法」、独立行政法人等の個人情報保護に関する一般法として「独個法」の三つが存在した。しかし、この改正で、公的部門に関する個人情報保護法の一般法は地方公共団体も含めて、「個人情報保護法」に統合された。もっとも、民間部門と公的部門の個人情報保護に関する規律がオムニバス方式（包括的データ保護法制）に近づいたとはいえ、完全に転換したとはいえない。というのは、民間部門の個人情報保護に関する規律は第四章、地方公共団体も含めた公的部門の個人情報保護に関する規律は同法第五章で規定されており、両者の規律は異なるからである。

他にも、②官民を区別することでデータ利活用の支障があった医療分野、学術機関についての規制の統一、③学術研究に係る適用除外規定の見直し、④個人情報等の定義の統一及び

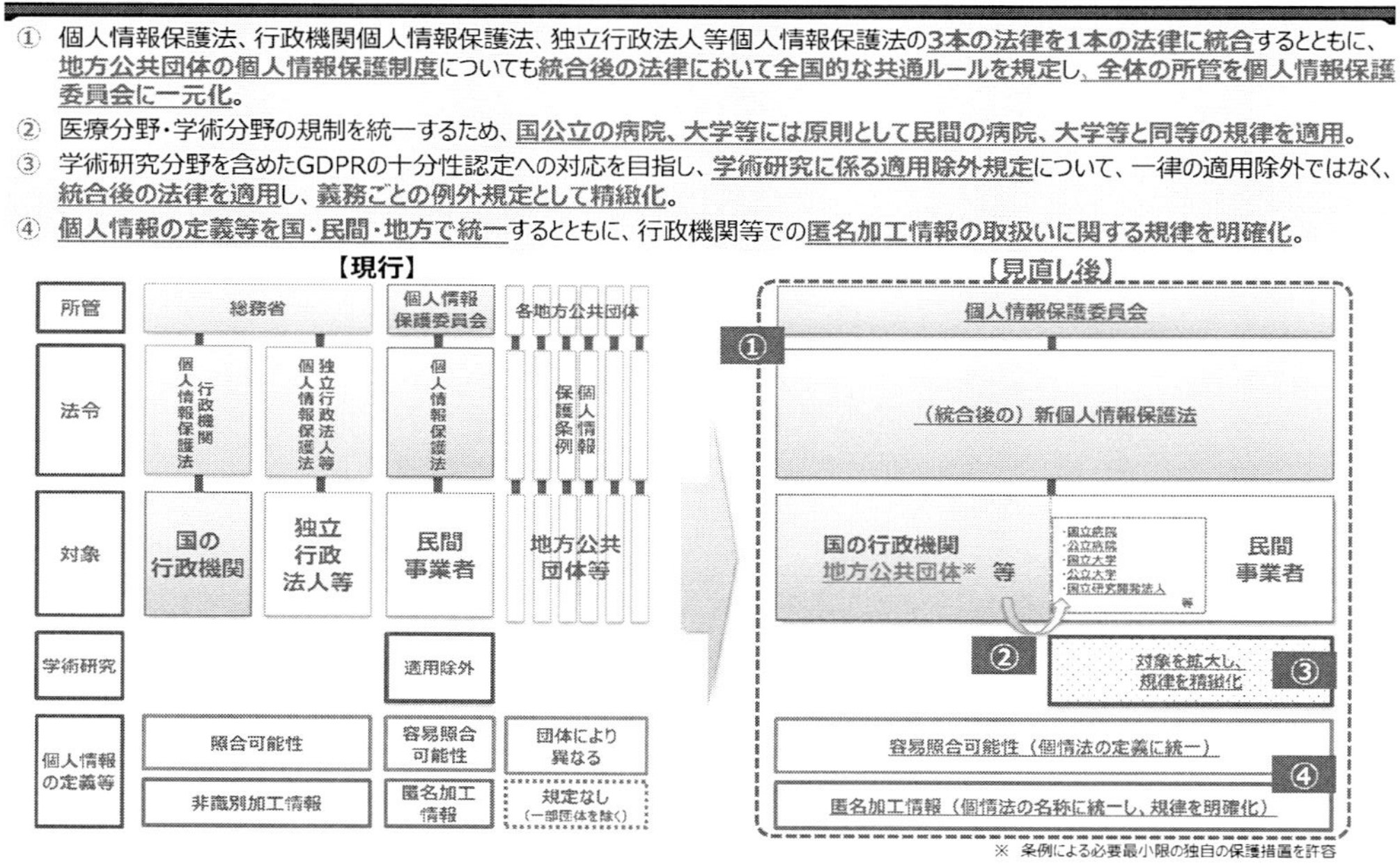
① 個人情報保護法、行政機関個人情報保護法、独立行政法人等個人情報保護法の3本の法律を1本の法律に統合するとともに、地方公共団体の個人情報保護制度についても統合後の法律において全国的な共通ルールを規定し、全体の所管を個人情報保護委員会に一元化。
② 医療分野・学術分野の規制を統一するため、国公立の病院、大学等には原則として民間の病院、大学等と同等の規律を適用。
③ 学術研究分野を含めたGDPRの十分性認定への対応を目指し、学術研究に係る適用除外規定について、一律の適用除外ではなく、統合後の法律を適用し、義務ごとの例外規定として精緻化。
④ 個人情報の定義等を国・民間・地方で統一するとともに、行政機関等での匿名加工情報の取扱いに関する規律を明確化。
【現行】
所管
法令
対象
学術研究
個人情報の定義等
総務省
個人情報保護委員会
各地方公共団体
行政機関個人情報保護法
独立行政法人等個人情報保護法
個人情報保護法
個人情報保護条例
国の行政機関
独立行政法人等
民間事業者
地方公共団体等
適用除外
照合可能性
容易照合可能性
団体により異なる
非識別加工情報
匿名加工情報
規定なし（一部団体を除く）
【見直し後】
個人情報保護委員会
①
（統合後の）新個人情報保護法
国の行政機関
地方公共団体※ 等
・国立病院
・公立病院
・国立大学
・公立大学
・国立研究開発法人
等
民間事業者
②
対象を拡大し、規律を精緻化
③
容易照合可能性（個情法の定義に統一）
④
匿名加工情報（個情法の名称に統一し、規律を明確化）
※ 条例による必要最小限の独自の保護措置を許容

図６－１　2021年（令和３年）個人情報保護法改正の全体像

（出所）個人情報保護委員会「令和３年改正個人情報保護法について」
https://www.soumu.go.jp/main_content/000790352.pdf

非識別加工情報のルールについて再構成がなされた。

4　今後の課題

みてきたように、二〇〇三年（平成一五年）に制定された日本の個人情報保護法は、個人情報を取り巻く環境の変化に対応しながら発展してきた。二〇二一年（令和三年）の改正では、個人情報保護法、行個法、独個法の保護三法を個人情報保護法に一本化し、地方公共団体も含め第三者機関たる個人情報保護委員会が監視監督することとなった。

プライバシー権が当初想定していたものを超えて、個人情報はインターネットを介して世界中に広がるようになっており、権利侵害が生じる前に、不適切な個人情報の取扱いを未然に防止することが重要である。

事故防止のための対策として、今後、個人情報保護法に課徴金制度を導入し活用してもよいのではないかと考える。

課徴金制度は、違反行為を行った事業者に経済的不利益を課すことにより、違反行為を事前に抑止することを目的とする制度である。制度の存在により、個別の企業に対する制裁のみならず、違反行為の抑止を図る一般予防が期待できる。個人情報保護委員会は二〇一九年（平成三一年）の「個人情報保護法いわゆる三年ごと見直しに係る検討の中間整理」の中で、GDPRなどに触れつつ課徴金の導入可能性を検討した。しかし、国内の課徴金制度は不当利得を基準として課徴金を算定している例が多く、これまでの執行実績を見ても、安全管理措置義務違反などのように、違反行為があっても利得が発生していない場合があり、課徴金による抑止がなじまないケースが多い等の理由で導入が見送られた。しかし、例えば、二〇一七〇万件の個人情報が流出したとされる「ベネッセコーポレーション顧客情報流出事件」でベネッセは、謝罪金（お見舞金）として漏えい一件当たり五〇〇円の図書券を被害者に交付した。個人情報を漏えいさせた場合、五〇〇円程度のお見舞金がしばしば交付されているが、報道によれば、ベネッセは約二〇〇億円をこの謝罪対応のために充てたとされる。ベネッセが被告となった民事訴訟で認容された一人当たりの慰謝料は、一〇〇〇円～三〇〇〇円と少額だが、このお見舞金だけでもGDPRが規定する制裁金（二〇〇〇万ユーロ〔一ユーロ＝一四三円換算だと約二八億六〇〇〇万円〕）より相当多い。また、約三億三九〇〇万件の個人情報を流出させたMarriott International社の制裁金（約一三五億円）より多額である。

民事訴訟でプライバシー侵害が認められとしても、填補されるべき損害は精神的苦痛に対する賠償（慰藉料）であり、秘匿性が必ずしも高くない場合や二次被害が生じていない場合の認容額は極めて少額である。それでもなお、市民が民事訴訟を提起するのは、情報を漏えいさせた企業に制裁を加えたい、あるいは将来的な事故防止を望むからではないだろうか。また、お見舞金は、企業が任意に支出しているにすぎないが、支出する企業と支出しない企業があり、どこの企業から情報が流出したかによって被害者に対する扱いが異なるのは不公平ともいえる。学説のなかには「課徴金の制裁的色彩を強調するならば、日本の個人情報保護法に課徴金を導入することも不可能ではない」とする見解もある（石井 二〇一九、六九頁）。

個人情報保護委員会は、課徴金制度の導入について継続的検討事項としている。今後の検討に期待したい。

【引用・参考文献】

石井夏生利（二〇〇八）『個人情報保護法の理念と現代的課題』勁草書房。
石井夏生利（二〇一九）「プライバシー・個人情報保護法の周辺法領域に関する考察―競争法との交錯を中心に」情報通信政策研究第三巻一号四七頁。
宇賀克也（二〇〇五）『個人情報保護法の逐条解説〔第二版〕』有斐閣。
岡村久道（二〇二二）『個人情報保護法〔第四版〕』商事法務。

小向太郎（二〇二二）『情報法入門〔第六版〕』ＮＴＴ出版。

近藤里南（二〇二三）「個人情報保護法制に関する欧米の動向―立法措置と監督機関の比較」国立国会図書館　調査と情報第一二二六号（二〇二三・二・一六）。

総務庁行政管理局行政情報システム参事官室（一九九〇）『逐条解説　個人情報保護法』。

曽我部真裕ほか（二〇二〇）『情報法概説〔第二版〕』弘文堂。

松尾剛行（二〇一七）『最新判例にみるインターネット上のプライバシー・個人情報保護の理論と実務』勁草書房。

松前恵環（二〇二一）「米国の法制度の概要と近時の議論動向」ＮＢＬ一一八五号八〇頁。

宮下紘（二〇二一）「プライバシーという権利」岩波新書。

東京商工リサーチ（二〇二三）「二〇二三年上場企業の個人情報漏えい・紛失事故調査」〔https://www.tsr-net.co.jp/data/detail/1197322_1527.html〕（二〇二三年八月二九日最終閲覧）。

浅井敏雄（二〇二二）「プライバシーシールド（米国への十分性認定）無効判決の概要と影響―ＥＵ司法裁判所 Schrems II　事件判決」企業法務ナビ〔https://www.corporate-legal.jp/news/3604#_edn1〕（二〇二三年八月二九日最終閲覧）。

総務省「平成三〇年版情報通信白書」〔https://www.soumu.go.jp/johotsusintokei/whitepaper/ja/h30/pdf/n1200000.pdf〕。

個人情報保護委員会事務局（二〇一六）「改正個人情報保護法について」二〇一六年一一月二八日〔https://www.meti.go.jp/committee/kenkyukai/sansei/daiyoji_sangyo_chizai/

pdf/003_02_00.pdf〕。

個人情報保護委員会（二〇一九）「個人情報保護法いわゆる三年ごと見直し制度改正大綱」二〇一九年一二月一三日〔https://www.ppc.go.jp/files/pdf/200110_seidokaiseitaiko.pdf〕。

個人情報保護委員会事務局（二〇二二）「令和三年改正個人情報保護法について」二〇二二年一月二六日〔https://www.soumu.go.jp/main_content/000790352.pdf〕。

第二〇四回国会衆議院内閣委員会第一三号富安泰一郎発言（二〇二一年三月三一日）〔https://www.shugiin.go.jp/internet/itdb_kaigiroku.nsf/html/kaigiroku/000220420210331013.htm〕。


（峯川浩子）

第7章 知的財産法による技術情報資産の保護
―特許法・営業秘密保護制度の概観と近時の話題から―

はじめに―知的財産法による技術情報の保護―

「知的財産法」は、最近では多くの人が一度は聞いたことがある言葉になったと思われる。知的財産「法」というと、「民法」とか「刑法」、「会社法」のように、そんな名前の法律が存在するように思ってしまうかもしれないが、そうではなく、それらを構成する「著作権法」「特許法」「商標法」などの各法の総称である。むしろこのような各法の名称のほうが一層よく知られているかもしれない。

知的財産は、一般に「財産的価値のある情報」「有用な情報」と定義され、そのような知的財産の保護と利用を定める法律の総称が知的財産法である。

知的財産が集積しているものの代表格としてよく取り上げられるスマートフォンを、ここでも例にしてみよう。スマートフォンの背面に、葉付きで右側が欠けたリンゴのマークが付いていたら、それにより、買う人にApple社製であることが分かる。このリンゴのマークは商標であり、特許庁に登録されると商標法で保護される。Apple社と無関係の会社が自作の携帯電話の背面にこんなマークを付けて販売をしていると、商標権侵害となる。また、各社のスマートフォンを比較してみると、本体のデザインにもそれぞれ他社とは異なる個性がみられるが、このようなデザインは意匠法の保護対象である意匠である。

そして、わたしたちが毎日スマートフォンを通じて利用するコンテンツの多くは、著作権法の保護対象である著作物である。Web上のテキスト、動画サイト上の動画、音楽、アプリやOS、カメラで撮影する写真は、いずれも著作物となり、著作権の保護対象である。

さらに何より――これが本章のテーマとなるが――、スマートフォンには膨大な技術情報が集積している。高度な演算装置や液晶の表示技術、安定した通信技術からフリック入力に至るまでの技術情報が少しでも欠ければスマートフォンは満足に動作しないだろう。人類の叡智の結晶である技術的なアイデア、すなわち「発明」が数千も搭載された成果と言える。このような発明は特許法の保護対象となりうる（以下本章**2**）。

また、技術情報を守るためには、さらに別の方法が考えられる。自社で秘密にして使用しつづけるという方法である。このような秘密情報の保護に活用されるのが不正競争防止法（以下「不競法」という）である。特許法と比べると知名度が低いと思われるが、これも知的財産法を構成する重要な法律の一つである。不競法は、営業秘密の不正利用を「不正競争行為」と定めており、不正競争行為を行った者に対して、営業上の利益を侵害された者が行使できる差止請求権や損害賠償請求権などの民事上の請求権を定めているほか、刑事罰も定めている（詳細は以下本章**3**）。

それでは、開発した技術情報は、特許をとるべく特許出願したほうがよいのか？　それとも秘密にしておくのがよいのか？　それとも、さらに別の方法はあるだろうか？

1　特許法による技術情報の保護

(1)　特許法の保護対象──発明

特許法の保護対象「発明」は、①自然法則を利用した②技術的思想の③創作のうち、④高度のもの（二条一項）と定義される。また、発明は三種類に分けられる。機械や薬品などのような「物」についての「物の発明」と、「○○する方法」と表現される「方法の発明」に分けられ、「方法の発明」はさらに、「単純方法の発明」と「物の生産方法の発明」に分けられる（二条三項）。

定義をもう少し考えてみよう。自然法則とは、自然界において見出される物理的・化学的・生物学的な法則であり、①「自然法則を利用した」ことが必要であるから、「万有引力の法則」のような自然法則そのものは発明にならないし、また、自然法則に反するものは、発明にはならない。フィクション作品でしばしば見かけるような「永久機関」を動力源として用いた発明を構想し出願しても、エネルギー保存の法則に反するため発明には該当せず特許権を取得することはできない。さらに、スポーツやゲームのルールのような単なる人為的な取り決めも、自然法則を利用していないから発明とは言えない。これについては、ビジネス方法が問題となるが、コンピュータや各種機器の物理的な具体的動作を利用することにより発明となりうる。例えば、グリコの置き菓子システム（特許第三九八六〇五七号）や外食店舗におけるステーキの提供方法（特許第五九四六四九一号）、最近の感染症対策で図らずも注目を集めた「味集中カウンター」を含むラーメンチェーン「一蘭」の店舗システム（特許第四二六七九八一号）についても発明に該当するとして、実際に特許権が成立している。

次に、②「技術的思想」（技術的なアイデア）が発明であるため、具体的に表現したものである文章や楽曲や絵画は「技術的」とも「思想」ともいえず、それらは著作物であって著作権の保護対象である。また、あるピアニストの演奏技法や寿司職人の握り方のコツのように、個人の技量に左右され、技術として客観的に伝達できる可能性がないものは技術的とは言えず、これも発明とは言えない。

③「創作」というのは、発明と発見を区別するための要件であり、例えば自然界に存在する新種の植物や微生物、鉱物を発見しても、それらは発見であって発明とはいえない。

④「高度」は、実用新案法と区別するための要件である。実用新案法の保護対象である考案は、「小発明」ともいえるもので、「自然法則を利用した技術的思想の創作」であり、「高度」がない点で特許法と異なっている。実用新案法の保護対象は、物品の構造や形状に関する考案（実用新案法一条）であり、日用品に関してよく見られる。シヤチハタ（「Xスタンパー」実用新案一一二〇四七三号）やクイックルワイパー（実用新案二〇五五〇二五号）は、実用新案登録により成功した商品としてよく挙げられる。

(2) 特許出願・特許要件

以上のような発明に当たれば当然に特許権が発生するわけではない。特許権は、まず特許庁への出願がなされねばならず、特許庁における審査を経て、特許法上定められた特許要件を充たすと判断された発明にのみ付与される。特許要件には、①産業上の利用可能性、②新規性（出願時点で、世界のどこかで秘密保持義務を負った者以外に知られていないこと）、③進歩性（その分野の通常の知識をもつ技術者がその発明を容易にすることができないこと）、④先願であること（同じ発明が先に出願されていないこと）、⑤公序良俗に反しないことなどがある。

これらの特許要件は、基本的には、これらを充たさない発明に特許を与えても、特許法の目的である産業の発達（一条）に寄与しないどころか、阻害するとの考えから設けられているものである。例えば、②新規性がないと、古くから知られている知識を特定の人に独占させるという適切ではない結果をもたらすし、③進歩性がなければ、平均的な技術者なら簡単に思いつくような方法で、既知の技術を寄せ集めただけのようなものを独占させる結果になってしまうだろう。

また、特許出願をすると、発明は一年六カ月後に公開され、『特許情報プラットフォーム』―Platpat』で見ることができる（ただし、その例外が最近導入された特許出願非公開制度である。以下本章**4**（2））。公開により、それをもとに他人が新たな技術開発をすることができるから、研究開発への他者の重複投資を減らし、産業の発達の推進を図ることができるのである。

(3) 特許権の効力—特許権を取ったら何ができる？

特許庁の審査において、特許要件をすべて充たすとの特許査定を得て、特許権を取得した人は、他人が特許発明を業として（＝家庭内での実施を除いて）実施することを特許権侵害として禁止できる（特許法六八条）。「実施」とは、物の発明の場合は特許発明に係る製品の生産、使用、譲渡など（ただし、最初に権利者が適法に譲渡した特許製品は、その後、その製品を買った人がその製品を使用したり、さらに別の者に譲渡しても特許権侵害とならない。これを消尽という）であり、単純方法の発明の場合はその方法の使用である。

特許権侵害が成立すると、特許権者は、差止請求権（特許法一〇〇条）や損害賠償請求権（民法七〇九条）などを行使することができる。差止請求権は、権利侵害行為の停止・予防を求めることができる権利であり、差止請求と同時に「侵害品や製造設備を廃棄せよ」との請求（廃棄請求）をすることもできる。しかも、特許権の効力は強く、もし他の人が特許権者との発明を知らずに、特許発明と同じ発明をして業として実施していた場合でも、特許権侵害となる。特許発明は、特許庁の特許公報に掲載され公示されているからである。

特許権者は、特許発明を自分で実施できるだけでない。他人が無断で特許発明を実施することが特許権侵害となるから、それを利用して、他人との間で特許発明の実施を認める契約（「ライセンス契約」とよばれる）を結んで、特許発明の実施を認める対価として実施料を得るという活用が可能である。

2　不正競争防止法による営業秘密の保護

(1)　不正競争防止法とは？

発明のような技術情報を、特許権（や実用新案権）の取得を目指して特許庁に出願せず、秘密にしておくという選択肢をとる場合、そのような秘密を保護する制度がなければ、例えば、産業スパイや引き抜き転職により機密情報の流出が発生したとしても、機密情報の保有者が取れる手段が限られてしまう。従業員との間で秘密保持契約を結んでも、契約は当事者以外を拘束できないため、産業スパイや、転職先会社における機密情報の利用に対してはなすべがほとんどない。そこで、営業秘密を保護する制度として用意されているのが、不競法の営業秘密に関する規定である。

不競法は、「事業者間の公正な競争を図るため、……不正競争の防止に関する措置等を講じ、……国民経済の健全な発展に寄与することを目的」とする法律である。その特徴は第一に、限定列挙である。二条一項に「不正競争」行為を限定列挙し、各号に該当した場合にのみ、差止請求・損害賠償請求などの民事的措置と刑事罰を定める。第二に、行為規制法という性質を持つ。特許法、商標法、著作権法は、特許権や商標権、著作権などの権利を付与して保護するため、権利付与法と呼ばれるのに対して、不競法は、一定の行為を「不正競争」行為と捉えて規制するという方法をとる（なお、営業秘密のほかにも様々な行為が不正競争行為とされており、商標登録がなくても広く知られているマークなどの表示を他人が利用する行為を不正競争と定める〔二条一項一号〕ことにより、登録商標の保護を定める商標法とともにマークの保護の役割をも果たしたり、意匠登録がなくても新たなデザインの製品の模倣品の譲渡を不正競争とする〔二条一項三号〕など、知的財産法を構成する他の法律を補完する役割も果たしている）。

(2) 営業秘密とは？

不競法では、まず、「営業秘密」について二条六項で、①「秘密として管理されている」（秘密管理性）②「生産方法、販売方法その他の事業活動に有用な技術上又は営業上の情報」（有用性）で、③「公然と知られていないもの」（非公知性）と定義されている。

①秘密管理性が要件であるため、秘密であることの客観的認識可能性がなければならない。情報へのアクセスがパスワード管理などがなされ、かつ、アクセス者が営業秘密であると認識されるようになっていることなどが求められる。例えば、金庫に保管され、かつ機密との記載があることなどである。

②有用性は多くの事業活動で用いられる情報に存在する。設計図・製造ノウハウ、顧客名簿・仕入先リスト、販売マニュアルなどがこれに該当する。失敗実験データ（ネガティヴインフォメーションという）は、それをもとにして次の成果が得られるのであるから、有用性を充たす。しかし、脱税や有害物質の垂れ流しに関する情報など反社会的情報は、法が保護すべき正当な事業活動ではないため、有用性がない。③非公知性は、守秘義務を課された人以外の人が知らないことである。インターネット上で公開されてしまったり、刊行物に掲載されてしまうと、非公知性はなくなる。

(3)　営業秘密に係る不正競争行為

営業秘密に当たるのであれば、それだけでその情報の利用がすべて不正競争行為になるわけではない。「営業秘密に関する不正競争行為」として、不競法二条一項四号～一〇号に規定されている七つに該当する行為のみが不正競争行為となる。この「営業秘密に関する不正競争行為」は、大きく三つに分けられる。①不正取得型、②正当取得型、③物品譲渡型である（表7－1参照）。①不正取得型は、営業秘密の保有者から営業秘密が不正取得されるパターンである。不正取得とは、窃取、詐欺、強迫その他の不正の手段による取得であり、産業スパイ行為が典型である。この不正取得型には、不正取得者本人の行為（四号）と、取得者から情報を入手した人、すなわち転得者の行為が含まれる。転得者については二パターン――［一］取得時から不正取得者本人の不正取得の事実について悪意（＝知っていた）又は重過失の転得者の行為（五号）と、［二］取得時には善意であった（＝知らなかった）が、自分が開示したり使用する時点で悪意又は重過失となった転得者の行為（六号）――が規定されている。

②正当取得型とは、保有者から正当に示された営業秘密が不正に開示・使用されるパターンである。転職後のライバル企業での営業秘密の使用などが典型である。

正当取得型にも、正当取得者本人（七号）と、正当取得者から情報を入手した転得者の行為が含まれ、これも二パターン――取得時に悪意重過失であった転得者の行為（八号）と、取得時は善意であったが、開示・使用時に悪意重過失となった転得者の行為（九号）――が規定されている。

③物品譲渡型は、①②の不正使用行為により生じた物が流通する過程で行われる行為であり、悪意重過失の譲渡・輸入を不正競争行為と定めている。

なお、市販の製品を正当に入手し、分析して情報を取得する行為を「リバース・エンジニアリング」というが、これは「不正」な取得に該当しない。

(4) 営業秘密保護制度の発展と近時の傾向

特許制度が明治一八年（一八八五年）の専売特許条例以来の長い歴史を持つのに対し、営業秘密保護の歴史はかなり新しい。一九九〇年まで、営業秘密保護の特別法はなく、一般民法が適用されていた。すなわち、他人の営業秘密の不正取得・使用・開示については、民法七〇九条に基づく損害賠償請求のみが可能であり、差止請求権は存在しなかった。技術革新の成果の保護は長らくの間特許法が担ってきた。すなわち、新しい技術開発の成果は、まず特許出願をすべし、というのが「王道」と考えられてきたといえるだろう。

しかし、GATTウルグアイラウンド交渉で営業秘密の保護不足が問題ともなり、一九九〇年に、不競法に営業秘密の保護が導入され、それまで一般不法行為でも可能であった損害賠償請求に加え、差止請求が可能となった。当時はまだ刑事罰の規定はなかったが、二〇〇

表7－1　営業秘密に関する不正競争行為の類型

	営業秘密の直接取得者	転得者（第三者を介して営業秘密を取得した者）	
		取得時、悪意重過失	取得後、悪意重過失
①不正取得型	使用・開示⇒四号違反	使用・開示⇒五号違反	使用・開示⇒六号違反
②正当取得型	図利加害目的※）の使用・開示⇒七号違反	使用・開示⇒八号違反	使用・開示⇒九号違反
③物品譲渡型	①②によって製造された物の悪意重過失による譲渡⇒一〇号違反		

（出所）大石・佐藤編（2021）47頁［平澤卓人執筆部分］を参照しつつ、筆者作成。
※）不正の利益を得る目的又はその営業秘密保有者に損害を加える目的

〇年代になると、刑事罰も導入された。

二〇一〇年代には、営業秘密漏洩に関する事案の大型化・国際化が進む。営業秘密関連事件は、かつて一九九〇年代には、紙製の顧客名簿ファイルの持ち出しなど、主に技術情報より営業情報を対象とする比較的素朴な事例が多かったのが、特許法の保護対象である発明と重複するような技術情報が対象となる。また、顧客名簿などの情報に関しても、大量のデジタルデータとしての管理が一般化し、インターネット経由での拡散等により、一旦漏洩した際の被害は膨大なものとなる。よく挙げられる代表例としては、新日鐵住金事件がある。これは、一九八〇年代半ばから、新日鐵住金（二〇一九年以降現在「日本製鉄」）の元社員が、開発に二〇年以上を要し、「送配電ロスを大幅に軽減可能」という効果をもたらしたとされる「変圧器用の電磁鋼盤の製造プロセスと製造設備の設計図」等を、韓国の大手鉄鋼企業ポスコに数億円の報酬と引き換えに漏洩し、そこからさらに、宝山鋼鉄にその情報が再漏洩したというものであった。

新日鐵住金が韓国鉄鋼大手ポスコを相手に「製造技術を不正に得た」として二〇一二年に東京地裁に起こした損害賠償請求訴訟では、二〇一五年九月末にポスコから三〇〇億円の支払いを受けて和解にいたった。

また、二〇一四年には、住所・氏名等の個人情報約二億件が漏洩したベネッセ個人情報漏洩事件が発生した。ベネッセの業務委託先会社のシステムエンジニアである従業員が、私物のスマートフォンで名簿を持ち出し、総額数百万円で名簿業者に売却し、その後名簿の相次ぐ転売により結局五〇〇社、第六次取得者にまで至ったという事例であり、民事裁判でベネッセ本体の不法行為に基づく損害賠償責任が認められた事例としても有名であるが、従業員は不競法上の営業秘密侵害罪による実刑判決が確定している（経済産業省知的財産政策室　二〇一七、一頁）。

このような趨勢を反映し、また、米国に比べて産業スパイ対策の不十分さが国際的な産業競争力に負の影響をもたらしていることが指摘され、営業秘密不正取得等行為規制の拡大・刑事罰の厳罰化など営業秘密保護法制には年々拡充が図られている。

4 近時の話題から

(1) 知財戦略―特許出願か、営業秘密か？ オープンか、クローズか？

それでは、新たな技術情報は、どのように保護すべきだろうか？ まず、ここまでに見た特許と営業秘密についての保護を考えるなら、それぞれのメリットとデメリットを考慮し、技術情報の性質に応じた保護が重要である。

特許権による保護を受けるには特許出願が必要であり、出願内容は公開される。特許庁における審査の結果、特許要件を充たさず特許権の取得が叶わなかった場合には、出願内容を公開しただけで終わってしまう。また、出願から原則として二〇年間の存続期間が満了すると、その発明は自由に利用できる。例えばジェネリック医薬品というのは、医薬品の特許権の存続期間が満了した後に、特許権者以外の会社によって製造販売される医薬品である。もはや特許権がないから、自由に製造販売ができ、ゆえに廉価に提供されるのである。

これに対して、営業秘密なら、不競法に定められた要件を充たす限り、秘密にしておけばいつまでも保護されることになる。しかし、第三者が市場で製品を入手・分析しその情報を取得する行為（リバース・エンジニアリング）は、不正な取得ではなく適法である。一方、特許権の場合には、その製品に係る特許権があれば、製品の製造販売に対して権利の行使が可能である。

すると、製造方法のように製品を分析しても把握できない技術は、営業秘密による保護が適しているといえる。一方、食品や機械の構造のように、見ただけ、分解しただけですぐに分かってしまうものは、営業秘密による保護が適さないことになる。餅がきれいに焼けるための切れ込み（特許権者：越後製菓株式会社、特許第四一一三八二号）やスパゲッティが早く茹であげられる麺の構造（特許権者：日清フーズ株式会社、特許第五七二六四九三号）などは、特許出願を図るべきであろう。

しかし、そもそも、特許や営業秘密を用いて自社だけで開発成果を独占的利用をするだけが有効な手段なのではない。他社との間でそれぞれが持つ特許発明を相互にライセンスし合うクロスライセンスや、多数の企業で特許を一括管理するパテントプール、技術を無償で広く利用させて市場拡大や技術標準化を狙う方法などがある。また、料理のレシピや日常生活のノウハウなら、動画共有サイトで公開し、広く共有して広告料収入を得るほうが得策かもしれない。

このように技術を独占的に利用せず、他人に公開して利用させることは「オープン戦略」と呼ばれ、特許や営業秘密を利用して独占的に利用するクローズ戦略と対比される。そして、一部技術についてクローズに、一部についてオープンにして、両者を組み合わせる戦略は、「オープン&クローズ戦略」との呼称が二〇一〇年代には定着し、現在の企業活動において広く活用されるに至っている（「特許庁特許行政年次報告書　二〇一五年度版」iii頁など参照）。例えばPDF形式のファイルについて、閲覧ソフトであるAcrobat Readerは誰でも利用できるが、編集ソフトであるAdobe Acrobatは特許権や著作権の排他性を活かして、有償で提供される仕組みになっており、オープン&クローズ戦略が活用されている場面と言えるだろう。

こうして、現在では、開発成果の活用に当たっては、特許と営業秘密、さらにクローズ戦略とオープン戦略とを適切に組み合わせて使い分けを図る「オープン&クローズ戦略」が鍵となっているのである。

(2) ビッグデータの保護

二〇一〇年代には、SNS上のコメント、スマートフォンの位置情報や行動履歴、インターネット上の視聴・消費行動、温度等のセンサーデータなど、通常のデータベースソフトウェアでは全体を把握処理困難な膨大な集積データが効率的に収集できる環境が実現されてきた（総務省『平成二九年度版 情報通信白書』五二頁など参照）。それらは従来の特許法や著作権法等の制度を用いた保護が困難であり、営業秘密としても、他社と共有されるようなデータは①秘密管理性や③非公知性を充たしにくい。そこで、二〇一八年の不競法改正で、一定の管理下にあるデータについて「限定提供データ」の保護制度が設けられた。限定提供データは、①業として特定の者に提供され（限定提供性）、②電磁的方法で相当量蓄積され（相当量蓄積性）、③電磁的方法で管理されている、（電磁的管理性）、④技術上または営業上の情報と定義され（二条七項）、不正取得型・正当取得型の一定の行為が不正競争行為とされている。

(3) 経済安全保障推進法（二〇二二年）における特許出願非公開制度

「本章**2**特許法の概要」で触れたように、特許制度とは、発明を公開することの代償として特許権という独占的な権利を与える制度であるから、発明の公開は、特許制度の基本をなす仕組みである。しかし、その公開制度に最近例外が設けられた。特許出願非公開制度である。これは、経済安全保障推進法（正式名称は、「経済施策を一体的に講ずることによる安全保障の確保の推進に関する法律」。令和四年法律第四三号、二〇二二年五月一八日成立）に基づく特許法改正により導入された。この法律は、「国際情勢の複雑化、社会経済構造の変化等に伴い、安全保障を確保するためには、経済活動に関して行われる国家及び国民の安全を害する行為を未然に防止する重要性が増大していることに鑑み」（同法一条）、安全保障の確保に関する経済施策を総合的かつ効果的に推進することを目的として、①重要物資の安定的な供給の確保・②社会基幹役務の安定的な提供の確保・③先端的重要技術の開発支援・④特許出願の非公開という四つの制度を創設するものである。

特許出願非公開制度の趣旨は、「特許手続きを通じた機微な技術の公開や情報流出を防止」するとともに、「これまで安全保障上の観点から特許出願を諦めざるを得なかった発明者に特許法上の権利を受ける途を開く」ものと説明されている（内閣府　二〇二二、五頁）。他国ではすでに、安全保障上の問題がある発明については、例外的に出願内容を非公開にすることができるという制度を有する国が多く、G20構成国でそのような制度を持たないのは、日本、アルゼンチン、メキシコのみであった。

同法六五条以下によれば、政令で指定される分野に該当する発明（「核技術・先端武器技術等」の中から絞り込まれる）が出願された場合には、特許庁は内閣府に出願書類を送付し、内閣総理大臣（実務上は内閣府）が「国家及び国民の安全を損なう事態を生ずるおそれの程度」「産業の発達に及ぼす影響」等の事情を、必要に応じて関係行政機関や専門家の意見を聴きながら考慮した上で、「保全指定」を行うというものである。「保全指定」がされると、解除されるまでは、①出願取下げが禁止され、対象発明について②実施が許可制となり、③開示が原則として禁止され、④適正管理義務が生じ、⑤出願公開及び特許査定・拒絶査定も留保される。また、⑥外国への出願禁止が定められている。保全指定されなくても、日本でなされ、政令に該当する発明については、原則として外国出願が禁止される。

しかし、保全指定を受け、発明の実施が不許可になれば、出願人にとっては損失となる。そこで、損失を受けた者には、「通常生ずべき損失」を国が補償するという仕組みが用意されている。この「通常生ずべき損失」は、相当因果関係の範囲内にある損失と解され、補償を受けようとする者の請求に基づいて内閣総理大臣が必要に応じて関係行政機関・外部専門家の協力の下に適正な補償金額を算定するという仕組みとなっている。

特許出願の非公開制度を持たない国はむしろ少なく、また昨今の安全保障上の緊張の高まりに照らしてもその一定の必要性は首肯されるであろうが、もとより特許制度の根幹ともいえる部分に例外を設ける制度だけに、保全審査の基準や損失補償の内容の確定が重要な課題となるだろう。また、企業活動においては、経済安全保障の観点を考慮した技術情報の特許化と営業秘密の選択についてのより精緻な知財戦略が求められる状況に入ったといえるだろう。

【引用・参考文献】


高林龍（二〇二〇）『標準特許法〔第七版〕』有斐閣。

茶園成樹編（二〇二〇）『知的財産法入門〔第三版〕』有斐閣。

茶園成樹編（二〇一九）『不正競争防止法〔第二版〕』有斐閣。

経済産業省知的財産政策室（二〇一七）「営業秘密の保護・活用について」(https://www.meti.go.jp/policy/economy/chizai/chiteki/pdf/1706tradesec.pdf)

大石玄、佐藤豊編（二〇二一）『18歳からはじめる知的財産法』法律文化社。

前田健ほか編（二〇二一）『図録知的財産法』弘文堂。

内閣府（二〇二二）「経済安全保障推進法の概要」(https://www.cao.go.jp/keizai_anzen_hosho/doc/gaiyo.pdf)

小新井友厚（二〇二二）「特許出願非公開制度の概要」『ジュリスト』一五七五号、四〇頁。

長澤健一（二〇二二）「特許出願非公開制度に鑑みた企業の知財活動」『ジュリスト』一五七五号、四〇頁。
玉井克哉（二〇二三）「特許出願非公開制度－機微技術の流出防止のための有効な手段となるか」高林龍・三村量一・上野達弘編『年報知的財産法　２０２２－２０２３』日本評論社、一五頁。

（志賀典之）

第8章

プロメテウスの松明《たいまつ》

―国際的な先端科学技術ガバナンスの課題と展望―

はじめに

ギリシャ神話のなかでプロメテウスは、ゼウスが人類から取り上げた火を盗み出し、人類に返してくれた。ゼウスの怒りをかった不死のプロメテウスは、カウカソス山に磔にされ、ヘラクレスにより解放されるまで毎日怪物と大鷲に肝臓を啄まれることになってしまったのだが、プロメテウスの松明《たいまつ》のおかげで人類は技術を発達させ、豊かな社会を築くことになった。しかし同時に、ゼウスが予言した通り、人類はその松明で武器を作り戦争を始めた。過去から現在へと受け継がれてきたプロメテウスの松明を、どのように扱い未来へと引き継いでいくのか、そのことが現在を生きる私たちにとっての重要な課題の一つとなっている。

科学技術、特にＡＩやナノテクノロジー、バイオテクノロジー、宇宙科学技術などの先端科学技術は、人類が抱える問題を解決する手段となり、新たなビジネス・チャンスを作る。他方で、人体や環境への影響に対する不安や、ＡＩが人類の知能を超えるシンギュラリティの可能性への危惧、ナノサイズのマシンが無限に自己増殖してあらゆる生態系を破滅するグレイグーのようなＳＦ的脅威など、先端科学技術は環境や人間の安全、人間社会が築き上げてきた価値観を直接的に脅かす存在にもなりうる。つまり、先端科学技術は、人類の希望であり脅威であるという両義性を常に持つ。それゆえ、先端科学技術の研究・開発（Ｒ＆Ｄ）を妨げずにいかに予想を超える被害をもたらしうるリスクに対応するかという、Ｒ＆Ｄの促進とリスク管理を両立させるガバナンスが必要とされる。そこで本章では、先端科学技術の特徴を説明した上で、現在どのようなガバナンスが実施され、何が課題となっているのか、今後どのようなガバナンスが必要かについて論じる。

1　先端科学技術の特徴から導き出されるガバナンスの必要性

そもそも科学技術とは、物やシステムを作り出すことおよび環境を変えることを可能にする知識と技術を意味する。今日では、人間の必要に対応するために科学的な知識を活用することも含む。そして先端科学技術とは、近年開発されてきた既存の科学技術に比して発展している、あるいは革新的なものを指す。先端科学技術は、R&Dの段階を経て実用化される。先端科学技術の特徴としては、以下の四点があげられる。

(1) 創造性と破壊性を合わせ持つ

先端科学技術そのものはその使い方次第で私たちの生活を豊かにし、破壊もする。例えば軍民両用技術の問題があるが、例え軍事用に開発されたものでもGPSのように民生利用に転用でき、民生用に開発されたものでも介護用のパワー・スーツのように軍事利用に転用されうる。科学技術そのものはどちらにも利用できるものがほとんどであり、技術それ自体を軍事用と民生用に区別することは困難である。それゆえ、それを何のために利用するかを決めることが重要となる。また、AIによって処理される大量の個人情報は、より便利な生活をもたらすと同時にプライバシーや人権侵害を引き起こすリスクもある。最近では、ディープ・フェイク（AIによって生成される、実在する人物や物、場所、その他の実体や出来事に類似し、本物あるいは真実であると誤って見える画像や音声、動画コンテンツ）などを用いた巧妙な情報操作や、サブリミナル技術を用いたマインド・コントロールのリスクなども想定できる。

（2）一度事故が起こると甚大な被害をもたらす

先端科学技術のR＆Dの多くが厳重な安全管理のもとで実験用の空間で行われているが、そこでも事故は起こりうる。また、すでに実用化されている先端科学技術もあり、それらによる事故は一度起こってしまうと人間や社会、地球環境に甚大な被害を生じさせる。例えば、原子力衛星（NPS衛星）のうち機能不全、つまりスペース・デブリとなったものが地球に再突入する場合、上部大気層に放射性物質が拡散したり、地上に落下したりと、予測できない損害を生じさせる恐れがある。実際、一九七八年にソ連のNPS衛星Kosmos 954号の放射能汚染された部分がカナダ北部に落下し、周辺六〇〇キロメートルにわたる森と湖に放射能汚染された物質が散乱した事故が起こっている（龍澤 二〇〇〇、六五〜六六頁）。

（3）人間の尊厳や権利、社会的な価値など人類全体に影響を及ぼす可能性がある

たとえ事故が起こらなくとも、先端科学技術の利用によって人間の尊厳や権利、社会的な価値に影響がおよぶ可能性がある。例えば、バイオテクノロジーの発展は医療技術を飛躍的に向上させることができると同時に、これまでの医療を超えて人間そのものを科学技術によ

る改変の対象とすることや、人間のクローニングのような人間の物化《もの》を引き起こす技術にもなり、一人一人が唯一無二の存在であるからこそ尊いという、人権の基礎である人間の尊厳への挑戦にもなりうる。また、ＡＩによる個人情報のプロファイリングやスコアリングは、個人のプライバシーを侵害するだけでなく、本来であれば多種多様な人間を「生まれながらに平等で決して奪い得ない人権を有する存在である」と捉えてきた価値観に対しても影響を与えうる。さらには、これまで人類は№という権利すなわち自ら選択できること、そして権利の獲得や科学技術の発展などによってその選択肢を増やすことを追求してきたが、近い将来、ＡＩが導き出した選択肢のみを「真」とする状況が生まれるならば、私たちは自ら選択する機会や権利さえも手放すことになりかねない。そしてこれらは、人類全体の権利や価値に影響を及ぼすことになる。

(4) 国際的かつ官民パートナーシップ（PPP）による研究・開発

先端科学技術のＲ＆Ｄには、大規模な資金、機材、人材が必要となるため、国家や国際的なプロジェクトとして行われることが多い。また、このようなプロジェクトは、Ｒ＆Ｄや実用化、市場の開拓などを主な目的として、公的機関と民間研究機関との間でのＰＰＰのもとで実施されることが増えている（例：ＥＳＡとアリアンスペース社などによる測位システム・ガリレオ計画、ＮＡＳＡとスペースＸ社による商業軌道輸送サービスおよびクルードラゴン宇宙船による商業乗員輸送計画）。何より、先端科学技術の開発には人類の叡智を結集させる必要があり、そのＲ＆Ｄは必然的に国家や官民の垣根を超えたプロジェクトとならざるをえない。そのため、先端科学技術開発のための国際協力は、国際関係が芳しくない状況下でも続けられる。例えば、二〇二五年の運転開始を目指している、日本、ヨーロッパ、米国、ロシア、韓国、中国、インドによる、新エネルギー開発のための核融合実験炉計画（ＩＴＥＲ計画）は、現時点ではウクライナ危機後も継続して行われている（核融合実験路ＩＴＥＲウェブページ）。

２　先端科学技術ガバナンスの現状

では、上記のような特徴をもつ先端科学技術に対して、現在どのようなガバナンスが行われているのだろうか。

(1) 科学的研究の自由

まず、科学的研究の自由は国際的な人権として認められている。世界人権宣言第二七条や国際人権規約（社会権規約）第一五条、ユネスコのヒトゲノムおよび人権に関する宣言（一九九七）第一二条からは、研究の自由が知識の進歩のために必要であり、思想の自由の一部をなすと理解できる。科学的研究の自由の原則は、思想および表現の自由から導き出され、国際的な人権として確立されてきた。ただし、これは無制限な権利ではなく、民主的な社会において必要である場合、また、人間の尊厳やその他の権利との関連において、法によって制限されうるものである。この権利は、ドイツ基本法（一九四九）やポルトガル憲法（一九七六）、中国憲法（一九八二）、ロシア連邦憲法（一九九三）といった、国内憲法上の法原則としても認められてきた。フランスや米国では、科学的研究の自由は思想の自由や表現の自由に当然含まれるものとされ、フランス憲法（一九五八）では人権宣言に基づき、他の自由と同様に他者を害することのないあらゆる行為を行う権利とされている。日本国憲法では、第二三条の学問の自由に研究の自由が含まれると解され、第一二条から国民はその自由を濫用しないこと、公共の福祉のために利用する責任を有することが導かれる。加えて、高度に専門的で変化が著しい先端科学技術ガバナンスにおいては、国際法や国内法による法規範の形成を待たず、学会や企業といった非国家主体が作成する自主規制、すなわちグローバル法（Global Law）が重要な機能を果たしている。人間を被験者とする科学的実験に対する倫理原則であるニュルンベルク綱領（一九四七）や、世界医師会のヘルシンキ宣言（一九六四）、国際医学団体協議会のマニラ宣言（一九八一）などのように、グローバル法の中でも人間の尊厳との関係において科学的研究の自由が制限される旨が示されている（川村・龍澤　二〇二二、二三六頁）。

(2)　国内および地域的なガバナンス

各国・地域における先端科学技術の具体的なガバナンスは、R&Dと実用化の段階に分けられる。先端科学技術のR&Dは、国家の助成のもと実施されることが多く、対象となる先端科学技術のリスク評価や管理は、助成への申請のさいの研究計画に含まれる倫理評価により審査され、その結果に基づき助成の可否が決まるという形で管理されている。例えば、日本の科学研究費助成金の場合、相手方の同意や、個人情報の取扱いへの配慮、生命倫理・安全対策などを必要とする研究は、データや資料の取扱いや研究機関内外の倫理委員会などにおける承認手続きなど、「人権の保護及び法令等の遵守への対応」を、研究計画調書に明記しなければならない。また、ＥＵはより厳格で、助成に申請するさいには必ず「倫理的自己評価」が義務づけられている。その内容は、臨床研究の参加者の自主性の確認や、参加者のインフォームド・コンセントを明確に文書化する必要があること、個人情報の取扱いへの注意事項の確認、動物実験における倫理規定の遵守の確認、環境と健康への安全性の確認、ＥＵの輸出管理規則における軍民両用技術に該当するか否かなどについての詳細な検討項目への回答、それらへの対処が倫理原則および国際法、ＥＵ法、国内法に従っているかの評価などである。特に、ヒトの胚および胎児に関わる研究では、ヒトのクローニングや遺伝構成を改変することを目的とした研究、体細胞核移植技術を含む研究や幹細胞の調達のためだけにヒトの胚を作製するための研究、ヒトの胚の破壊につながる研究が含まれていないことを確認しなければならない。その他にも、情報の安全性の基準や、研究メンバーのジェンダーバランスに関する基準などが存在し、それら厳格な基準を満たした研究計画のみが、助成を受けることができる（川村・龍澤 二〇二二、二四一〜二四二頁）。

次に、先端科学技術の実用化の段階では、まずは各国・地域の既存の法の適用や修正によって、対象となる科学技術の管理が試みられることが多い。対象となる科学技術が既存の法の適用範囲内か否かを判断するためには、対象となるものの定義が重要となる。定義を行った上で、既存の法や制度を適用できるものはそれらによって管理される。例えば、先端科学技術に関わる特許権、データベース固有の権利、産業的な設計とモデルに関する権利、著作権、商標権などは知的財産法によって管理されうる。また、新たな素材を含む製品の表示義務や製品の安全性の管理に関しては、公衆衛生法や化粧品規則、食品規則、市場に出されるまたは業務に用いられる商品の安全性を保証するマークの付与などによって管理されうる。科学技術が実用化され市場に流通するさいの損害責任および保険の適用に関しては、民法や製造物責任法によって、さらには、ＡＩなどが扱う個人情報に対しては、個人情報の取り扱いに関する法で対応することが想定される（川村・龍澤　二〇二二、二三七〜二四〇頁）。

(3) 国際的なガバナンス

先端科学技術をめぐる国際的なガバナンスとしては、多くが安全保障の枠内で実施されており、先端科学技術そのもののリスクを念頭においたガバナンスは少ない。安全保障との関係で実施されているガバナンスの代表例は原子力である。国際的には原子力のエネルギー利用を認める一方で、核兵器の拡散の防止あるいは禁止が試みられてきた。一九七〇年には核兵器不拡散に関する条約（ＮＰＴ）が発効した。ＮＰＴでは、米国、ソ連（現在はロシア）、英国、フランス、中国の五カ国のみを核保有国とし、それ以外への核兵器の拡散を防止すること、締約国は核軍縮交渉を行う義務があること、原子力の平和的利用は奪い得ない権利であり非核保有国におけるその軍事転用を防ぐために国際原子力機関（ＩＡＥＡ）による民間の原子力計画を対象とした保証措置を行い、かつ、検証する役目を果たすことなどが定められた。また、一九六三年の部分的核実験禁止条約（ＰＴＢＴ）を経て検討され続けてきた包括的核実験禁止条約（ＣＴＢＴ）が一九九六年に採択された（ただし未発効）。ＣＴＢＴでは、宇宙空間、大気圏内、水中、地下を含むあらゆる空間全てにおける核兵器の実験的爆発および他の核爆発が禁止され、条約の実施の確保のために包括的核実験禁止条約機関準備委員会が設立された。

また、化学兵器および生物兵器については、一九二五年のジュネーヴ議定書ですでに化学兵器の使用は禁止されていたが、開発や生産、貯蔵までは禁止されてはいなかった。一九六六年の国連総会を受け、一九七二年には生物兵器禁止条約（ＢＷＣ）が国連総会で採択され、生物兵器を包括的に禁止するとともにすでに保有されている生物兵器の廃棄が規定された。一九八〇年には化学兵器禁止特別委員会が設置され、冷戦後の一九九二年に化学兵器禁止条約（ＣＷＣ）が採択され、化学兵器を包括的に禁止するとともに、米国やロシアの保有する化学兵器を原則一〇年以内に全廃することが定められた。また、化学兵器禁止機関がＣＷＣの実施機関として設置された。

宇宙関連の科学技術は、一般的に国際公法としての宇宙法によって枠組みづけられている。一九六〇年代の米ソの宇宙開発競争のなかで、国連の諸決議や宇宙条約（一九六六）、宇宙救助返還協定（一九六七）、宇宙損害責任条約（一九七一）、宇宙物体登録条約（一九七四）、月協定（一九七九）が成立した。これら宇宙法の強行規範（ius cogens）としては、①宇宙空間自由の原則（宇宙条約第一条～第三条など）、②宇宙空間専有禁止の原則（同第二条など）、③宇宙空間の平和利用の原則（同第三条、第四条など）の三つがあり、宇宙活動における責任は民間の活動を含めて国家に一元化されているのが特徴である。①は、宇宙空間への自由なアクセス権、自由な探査の権利、自由な利用の権利から構成されている。ただし、同第九条や月協定第七条における宇宙環境保護のためや、経済的・技術的な発展段階にかかわらず自由な権利の行使を各国に差別なく保障する宇宙空間共同利益原則（宇宙条約第九条）や、各国は科学的調査の自由とそのための国際協力を促進する義務を有するとする国際協力原則（同第一条）に基づき、その活動が規制される。また、先述したＫｏｓｍｏｓ ９５４号の事故をきっかけとして、一九九二年国連総会で「宇宙空間におけるＮＰＳの使用に関する原則（ＮＰＳ原則）」

と題する決議が採択されてからは、NPS宇宙物体の打ち上げはこの原則に基づいて行われなければならない。加えて、二〇〇二年国際機関間スペース・デブリ調整委員会（IADC）によるスペース・デブリ低減ガイドライン、二〇〇七年国連宇宙空間平和利用委員会COPUOSスペース・デブリ低減ガイドライン、二〇一八年二一の宇宙活動に関する長期持続可能性ガイドラインなどによって、デブリ削減のための打ち上げガイドラインが策定されている。そして②により、宇宙空間における国家による排他性と永続性を併せ持つ活動は禁止されている。③については、例えば宇宙条約第四条では核兵器および他の種類の大量破壊兵器を運ぶ物体を地球周回軌道上に乗せないことが定められている。また、宇宙空間における核実験は、PTBTでも禁止されている。

AIに関しては、現在AIを搭載した殺傷兵器いわゆるキラー・ロボットについての国際的なガバナンスの試みが動き出しており、二〇一六年特定通常兵器使用禁止制限条約第五回締約国会議で、攻撃目標を自律的に決定したり、攻撃目標を発見するまで追跡したりするような自律型致死兵器システム（LAWS）分野の政府専門家会合（GGE）が設置された。それ以降、自律性を持った致死兵器の開発、展開、使用によってもたらされる人道的および国際的な安全保障上の課題が検討されている（川村・龍澤　二〇二二、二三一頁）。

3　先端科学技術ガバナンスの課題と展望

先述した先端科学技術の特徴に鑑み、以上のような現在実施されている先端科学技術ガバナンスの課題としては、次の三点があげられる。

(1)　既存の法を適用できない先端科学技術への対応

先端科学技術の全てを既存の法の枠内で対応するには限界があるため、国内・地域での取組みとして現在二つの潮流がある。一つは、新しく立法する方法である。例えば、EUでは二〇二一年四月に提出されたAI法案の審議が続いている。これは、AIの開発促進と人間の基本的権利や安全を脅かしうるリスク管理の両立を目指すものであり、EUの基本的価値(法の支配や人権尊重、デモクラシーなど)の枠内での自由な開発・競争こそが、安全で信頼できかつ倫理的なAIの発展を促すという認識に基づく試みである。AIを①サブリミナル技術による人間の意識操作など、許されないリスクのため禁止されるもの、②人間の健康と安全、基本的権利に高いリスクをもたらすため厳格な管理が必要なもの、③人間の感情の検出や、生体データに基づくカテゴリー分けなど、特定のリスクを有するため透明性が義務づけられるもの、④規制の対象にならないものに分類し、規制と同時にＡＩ市場の環境整備のための「規制のサンドボックス」制度も設置される。さらに、加盟国の中小企業やスタートアップ企業の技術的・経済的コストへの支援等も規定しており、技術や市場の発展の促進をも目指すものである。他方で、もう一つの潮流としては、技術の発展途上における厳格な規制は技術革新を阻害するとの懸念から、新たな法は作成せず、自由なＲ＆Ｄ競争の中で事故や問題が起これぱその都度裁判によって判断し、その判決によって対象となる科学技術の実用可能な範囲の輪郭を描いていくというものである。先端科学技術分野に限らず、特に判例を重視する英米法体系をとる国では、こちらの方法がとられる傾向にある（川村・龍澤　二〇二一、二四七〜二五〇頁）。

法規制により研究機関や企業が負う責任の範囲が明確になることは、開発側のリスク軽減にも繋がり、結局は先端科学技術のＲ＆Ｄや実用化の助けとなるであろう。特に、先端科学技術のリスクが一旦生じてしまうと、回復不可能な甚大な損害をもたらす可能性がある。そのようなリスクに備えた法・制度の整備は、リスクを防ぎ、またリスクに対する責任の所在と範囲を明確化するため、先端科学技術のＲ＆Ｄの促進につながる。また、ＥＵなどの主要地域でＡＩ法のようなものが成立すると、ＥＵ域内でＲ＆Ｄや実用化を行う域外の関係諸機関に対してもこの法が適用されることになり、今後のグローバルなＡＩガバナンスの指針にもなりうる。さらに、上述したＥＵの大規模な研究助成には域外研究機関や企業も参加でき、これらにもＥＵ法が及ぶことになる。このような、他国や地域の法秩序が自国の法秩序と相互浸透するような状況は、ＥＵの一般データ保護規則の適法性・公正性・透明性の原則への域外諸機関の対応や、ＣＯＶＩＤ－19ワクチンをＥＵから輸入する域外の諸機関への透明性の原則の適用などの事例からも明らかである。

(2) リスクの評価に応じた規制と責任の所在の明確化の必要性

先端科学技術のリスクについては、現時点で科学的な確証が得られていないものもあるため、リスクをどのように評価し、どこまでの範囲をどのように管理するかが重要となる。そのさい人間的な生活の条件を破壊するに至るような可能性をゼロにすることが求められる。なによりも、人間を客体として捉えること、すなわち人間の物化を禁止する必要がある（ヨナス　二〇〇〇、五一頁）。

先端科学技術のリスクをどのように評価・管理するかについて、これまでのガバナンスからは三つの原則が導かれる（川村・龍澤 二〇二二、二四二～二四七頁）。一つは、対象となる科学技術のリスクが科学的に証明されており、リスクの存在が経験的に十分認知されていると評価できる場合、そのリスクが起こりうることを排除することが義務付けられるという防止原則である。これは、従来の法のなかでとられてきたリスクの評価とその管理の方法である（例：放射性物質、アスベスト）。二つ目は、対象となる科学技術の発展を考慮し、実用化が認められた後も継続的に安全性を確保するための経過観察を義務付ける監督的追跡の義務の原則である。これは、対象の技術自体から生じる現象に対応するだけでなく、偶発的なリスクを明らかにするための手段を講ずることを、先端科学技術の実用化による商品やシステムの製造者に課す。これは本来民法上の義務である。しかし、国際的には、製造者だけでなくそれに許可を与えた公的機関に対しての義務としても捉えられている（例：宇宙条約第六条の民間の宇宙活動に対する関係当事国の監督的追跡の義務）。三つ目は、その技術の新しさから、未だに科学的には証明されていないリスクであるが、現在または将来世代の健康および安全または環境にとって重大なリスクを及ぼしうると予見される場合、合理的に推測しうる活動に関する決定を講ずる何れかの者が遵守せねばならない態度として定義される予防原則である。これはとりわけ個人間および国家間の取引の自由に対して、健康および安全を優先させねばならない公的機関に課される。これはリスクを探知し、かつ評価し、容認可能な程度まで縮減し、そして可能な場合にはそれを除去し、関係者にリスクを通知し、当該リスクを処理するために考慮される措置に関する提案を収集すること、経済的かつ社会的に負担できるコストであらゆる措置を講ずることを命じる（例：一九九八年のＢＳＥ発生時のＥＵによる英国産牛肉・乳製品の禁輸措置）。この予防の仕組みはリスクの規模と均衡せねばならず、かつ、絶えず修正されうる（Premier Ministre intitulé 1999, p. 95）。

このような段階的なリスク評価と管理とともに、国際的かつ多様な主体によってＲ＆Ｄが行われる中で、リスクに対する責任の所在を明確化することも必要である。一般的には、一九七二年のＯＥＣＤ「環境政策の国際経済的側面に関する指導原則」で採用された、汚染者負担の原則が取られる。また、宇宙損害責任条約のように、過失の有無にかかわらず損害の原因となった製品を製造・販売した企業が責任を負う危険責任が適用される場合もある。ただし、同分野の企業同士の間で補償が争われる場合は、危険責任ではなく過失責任が適用される。さらに、同条約は、汚染者が負担できないほどの損害が生じた際には、汚染者が負担できない部分を国家が補償することを定めている。危険責任は、高度な専門的知識を有した汚染者が損害の科学的不確実性を主張するのに対して、リスクと立証不可能性にさらされる被害者のための立証義務の軽減を目的としている。また、予防原則における予防責任は、予防することへの過失に対して責任を負わせることを目的とする。ここでの過失とは、予防措置（リスク通知も含む）を怠っていたことを指す。従って、予防責任は、汚染者に対して予防の措置をとっていたことの証明を求めるにとどまる。そして、予防措置が損害を発生させた企業の利益に重大な侵害をもたらしうるからには、それらを管理する国内行政の責任に発展する可能性がある（Ibid. pp.84-86）。

(3) グローバルな法規範・制度によるガバナンスの必要性

先端科学技術のリスクがいったん現実化すると人類や社会に甚大な影響を及ぼす。また、技術を持てる国と持たざる国の利益の衡平な配分が必要という理由から、リスク管理と同時に国際社会の共同利益を考慮することが求められる。加えて、先端科学技術のR＆Dや製品の安全性に関する規制やルール作りは、実質的にはＩＳＯや学会などの非国家主体が作成するグローバル法によって実施されているのが現状である。従って、人類全体に影響する分野としての先端科学技術に対しては、国際的な枠組みを超えたグローバルな法や制度によるガバナンスが必要とされる。そこで、ＰＰＰの枠組みを用いて、技術だけではなく民間がイニシアチブをとって構築したグローバル法や制度を先端科学技術のガバナンスに有効的に利用することで、R&Dの促進とリスク管理の両立を目指すガバナンスを実現する可能性を模索すべきである。PPPは、本来、科学技術のR&Dや製品化、市場の開拓などを主な目的として提携されてきた。しかし、この枠組みを効果的に利用することで、先端科学技術のR&Dを妨げずにそれらを管理できる可能性がある。例えば、先に紹介したEUの研究助成プログラムでは、申請のためにはEUの政策や倫理方針に基づく行動規範に従うことを約束せねばならない。また、EU域外の研究者や企業、研究機関の参加を認めることによって、EUの方針や法を域外の参加者・機関にも適用できることになり、科学技術ガバナンスの分野でのEUのイニシアチブを高めることができる。さらには、科学技術ガバナンスが未成熟な国の状況を改善する契機となることも期待できる。一方、PPPに参加する側にとっては、研究費の確保やリスクの分担だけではなく、国際的な研究機関や大学、企業などとのネットワークや情報チャンネルを広げる契機となり、また、自国にない実験機器やデータベースへのアクセスおよび自国では認められていない実験を他国において実施する機会をえられることなどが、参加する動機となる。

おわりに

先端科学技術それ自体に善悪はない。だからこそ、人間がそれをいかに利用し、いかに管理するのかという、理念を核としたガバナンスが重要となる。近い将来、先端科学技術のリスク管理と実用化の促進のためにも、国境を越えたＰＰＰの枠組みでの先端科学技術のガバナンスのための法あるいは制度形成が求められる。そのさい、対象となる科学技術の定義、リスクの評価に応じた防止・監督的追跡・予防の措置の義務付け、責任の所在、科学技術を持てる国家と持たざる国家の衡平性、Ｒ＆Ｄの目的としての平和利用などに関する合意や、研究の情報や成果を可能な限り公開することで、対象となる先端科学技術に対して民主的な評価ができる制度づくりが必要となるだろう。何より、人間と先端科学技術の関係の未来について最も注意すべきことは、先端科学技術の発展を手段ではなく目的として捉えてはいけないということおよび将来的なヴィジョンをもってそのガバナンスに取り組む必要があるということである。そして、現在を生きる私たちは、未来に対して責任を有しているということを自覚しなければならない（ヨナス　二〇〇〇）。人類はこれまで自らの選択肢を増やすことで権利を広げ、社会を発展させてきた。いかに科学技術が発展しても、人類は自ら選択することを手放してはならないのである。

【参考文献】

ヨナス、ハンス（二〇〇〇）『責任という原理』加藤尚武訳、東信堂。

川村仁子・龍澤邦彦（二〇二二）『グローバル秩序論―国境を越えた思想・制度・規範の共鳴』晃洋書房。

龍澤邦彦（二〇〇〇）『宇宙法システム―宇宙開発のための法制度』丸善プラネット。

核融合実験路ＩＴＥＲ <https://www.fusion.qst.go.jp/ITER/index.html>（二〇二三年八月一一日検索）。

Rapport au Premier Ministre intitulé “Le Principe de Précaution”, présenté le 15 Octobre 1999.

（川村　仁子）

第9章

医療・医薬品による被害者救済のためのガバナンス

はじめに

本章は、二〇二二年七月二一日に、ユーラシア財団寄付講座として、筆者が常葉大学で行った講義を原稿化したものである。本章では、まず、わが国における医療被害救済制度の議論をまとめ、次に、海外の医療事故・補償制度からその考え方のモデルを提示し、これらを踏まえ、医療被害救済を実現するにあたって踏まえなければならない論点を示して、わが国における医薬品副作用被害救済制度がヒントになることを示す。そのうえで、最後に、ここで検討してきた医療被害、医薬品被害の救済のあり方が、現在のリスク社会におけるガバナンスのあり方自体にも一つのモデルとなりうることを示す。

なお、本章のうち、「4　若干の私見―「無過失補償」の方向性―」までの記述は、基本的に、末尾にとして挙げた拙稿【参考文献】に依拠するが、それを当日の講義向けに、ポイントを絞って再構成したものである。そのうえで、当日は、本寄付講座の趣旨（危機管理とグローバルガバナンス）を踏まえ、現代のリスク社会におけるガバナンスと、それを踏まえた不法行為制度のあり方につき新たな考察を行い、現代社会における法や制度のあり方を示した。その内容は、本章では「5　リスク社会における法および制度」の部分に示されている。

1　医療における被害救済に関する議論

(1)　わが国の状況

(a)　わが国における現在の医療被害救済制度

わが国において、現時点で存在する医療被害救済制度としては、予防接種健康被害救済制度（一九四八年〜）、医薬品副作用被害救済制度（一九八〇年〜）、産科医療補償制度（二〇〇九年〜）がある。これらは、いずれも「無過失補償」制度であって、医療事故の中でもその救済の対象を絞った制度である。そして、医療被害一般を救済する特別の制度は、現在、わが国には存在せず、医療事故被害者は、救済を受けるためには、裁判を含めた一般の手続により、責任のある「加害者」に賠償を求めるしかない。

（b）「医療事故被害一般」の救済のための手段＝裁判の問題点

しかし、最終的には裁判によることとなる一般の手続による「救済」には、様々な問題が存在する。すなわち、このような一般の手続は、責任のある加害者が被害者に対して賠償を行うという不法行為責任によるものであるから、責任のある加害者が存在しない場合には救済はなされない。過失と因果関係が明らかで、医療機関側も責任を認める場合であれば、裁判外による和解で賠償がなされることもあるが、そうでない場合は、裁判によってこれを争い、賠償を求める被害者側がこれを立証すべきことになる。ところが、その内容が専門的である医療訴訟においては、被害者側が、医療機関の過失や、その過失と損害との因果関係を立証することは困難である。このため、医療事故訴訟は一般に極めて難しい訴訟となることが多く、そのために費やされる時間的、金銭的、人的コストも極めて大きい。また、「訴訟による救済」は、医療機関側と患者側を構造的に対立関係に立たせるため、自主的で迅速な解決にはつながりにくい。このため、医療全般に関する無過失補償制度の必要性がこれまで議論されてきた。

(2) 「医療安全元年」以前の議論

(a) 初期の議論―対象を絞った無過失補償―

無過失補償制度に関する当初の議論は、医療全体に関するものではなく、対象を絞ったものであった。先述の予防接種健康被害救済制度(一九四八年)も、予防接種被害に限ったものであり、また、輸血梅毒事件最高裁判決(最判昭和三六年(一九六一年)二月一六日民集一五巻二号二四四頁)の後には、学説により、無過失での保険制度の提唱がなされるなどしたが、これも輸血のみを対象とするものであった。また、医薬品副作用救済制度(一九八〇年)も医薬品副作用被害に限られる。

(b) 包括的救済制度に関する議論

しかし、その後、包括的な救済制度に関する議論が生じる。まず、加藤雅信らは、その編著書『損害賠償から社会保障へ―人身被害の救済のために』(三省堂、一九八九年)の中で、ニュージーランドの事故補償法やオーストラリアの連邦保障法を参照し、人身傷害全般についての「総合救済システム」を提唱した。また、医療事故について初めて包括的な救済制度案を示したのが、加藤良夫らによる「医療被害防止・救済センター」構想である。加藤良夫は、患者側弁護士が情報交換を行う医療事故情報センターを長らく運営してきた患者側医療事故訴訟の中心的存在の一人であるが、同氏を中心に「医療被害防止・救済システムの実現をめざす会」（仮称）が作られ、医療事故被害の防止と救済を同時に実現するための具体的な提言がなされた。

（3）「医療安全元年」以降の議論

（a） 医療安全元年（一九九九年）

ところが、一九九九年に大きな医療事故が、相次いで生じた（横浜市立大学病院患者取り違え事件および都立広尾病院消毒剤点滴事件）。これら事故は、いずれも日本を代表する大きな病院で、単純なミスにより大きな結果を引き起こしたものであったため、医療安全に対する日本中の関心が高まった。そこで、一九九九年は、「医療安全元年」と呼ばれるようになり、その後、医療事故における議論は、補償に関する議論よりも、医療事故をどのように防止するかという医療安全の議論にシフトしていった。

（b）医療事故の届出制度と医師法二一条

その中でも、とりわけクローズアップされたのは、医療事故をどのように届け出るかという議論であった。これは、特に、都立広尾病院事件において、病院側の情報隠蔽ともいえる動きに対し、遺族が医師法二一条違反を指摘して対抗したことが大きな影響を与えている。

すなわち、これまで、わが国において、医療事故を念頭に、これを届け出ることを想定して作られた事故報告・届出の制度は存在しなかった。もっとも、医師法二一条は、「医師は、死体又は妊娠四月以上の死産児を検案して異状があると認めたときは、二十四時間以内に所轄警察署に届け出なければならない。」と定めている。そこで、都立広尾病院事件において、遺族は、医療事故を警察に届け出なかった病院の医師法二一条違反を主張し、これにより、医師法二一条が自身の治療した患者についても当てはまるかどうかが、以後、大きな論点となったのである。これに対しては、当時の厚生省が「リスクマネージメントマニュアル作成指針」（二〇〇〇年）において、医療事故における死亡も警察に届け出るべきとの指示を行い、また、広尾病院事件の最高裁判決（最判平成一六年〔二〇〇四年〕四月一三日刑集五八巻四号二四七頁）も、「医師法二一条にいう死体の「検案」とは、医師が死因等を判定するために死体の外表を検査することをいい、当該死体が自己の診療していた患者のものであるか否かを問わない」、「医師は、自己がその死因等につき診療行為における業務上過失致死等の罪責を問われるおそれがある場合にも、本件届出義務を負うとすることは、憲法三八条一項に違反するものではない」として、これを認め、結局、これらにより、わが国では、「医療事故を警察に届ける制度」が確立することとなった。

（c）「医療事故を警察に届ける制度」をめぐって

しかし、医療事故を、医療の専門的知見を有するわけではなく、犯罪の捜査を専門とする警察に届けるという制度は、問題を抱えるものであった。そのことが明らかになったのが二〇〇六年の福島県立大野病院事件である。同事件では、妊婦の死亡事故について明らかな過失があったとは言えない担当医が逮捕されたことから、医療界を中心に、これに対する大きな批判が生じた。このため、警察への届出に代わる制度がその後検討され、二〇〇八年には「医療安全調査委員会設置法案（仮称）大綱案」（厚労省案）が示された。しかし、この案も、悪質な場合には警察への通知がなされるとしていたこともあって、結局制度実現に至らなかった。

（d）医療事故調査制度へ

さらに、二〇一一年からは「医療の質の向上に資する無過失補償制度等のあり方に関する検討会」が設置されて、「質の向上」と「無過失補償」とが同時に議論された。しかし、医療全体の無過失補償についての議論は進まず、このため、二〇一二年に「医療事故に係る調査の仕組み等の在り方に関する検討部会」において、事故調査のみを取り上げての議論が行われた。これは、二〇一三年に「『医療事故に係る調査の仕組み等に関する基本的なあり方』についてとして取りまとめられ、その内容が、二〇一四年の「地域における医療及び介護の総合的な確保を推進するための関係法律の整備等に関する法律」に反映された。この結果、同法に基づき、二〇一五年にわが国における医療事故調査制度が成立した。この制度は、事故防止のためには自らが事故の原因を明らかにし、将来に活かすことが重要であるとの考え方の下、医療事故の該当性を医療機関が自ら判断し、その調査も、外部の支援団体などの支援を受けることができるとしながらも、基本的には院内で調査を行うべきものとしている。

（4）まとめ

以上のように、わが国においては、医療事故補償についての議論は、二〇〇〇年以降、医療安全、とりわけ医療事故届出の議論へシフトした。この医療事故届出の制度は、医師法二一条に係る警察への届出の扱いを常に意識しながら議論がなされ、二〇一五年に、現行の医療事故調査制度が発足するに至った。しかしこの制度は医療事故死についてのみの調査制度であり、やはり医師法二一条の影響がみられる。

そして、当初より議論のあった補償制度については、議論が後回しとなり、わが国では結局、実現していない。しかし、被害者補償の議論は、これが事故調査と一体的に機能し「車の両輪」として進められるべき、との視点が明確に意識されることになっているのは、わが国の議論の特徴である。

2　医療事故補償・賠償制度における「考え方のモデル」について

(1)　欧州の医療事故補償制度のアプローチについて

後述のフランスの医療事故補償制度（二〇〇二年）の提案理由書は、当時の各国の制度をもとに、医療事故の補償・賠償制度のアプローチ（パターン）を示しており、これは現在でも「考え方のモデル」として通用する。それによれば、医療事故の補償・賠償制度のあり方としては、①裁判による救済制度（イタリア）、②裁判を原則としながら示談交渉促進手続きを備えるもの（英国、スイス）、③鑑定および調停制度による裁判外での解決（ドイツ）、④「過失の有無にかかわらず」補償をする「無過失補償制度」制度（デンマーク、スウェーデン）がある。

(2) フランスの医療事故補償制度

これに対してフランスは、二〇〇二年に、過失責任主義を維持しつつ、上記④と異なる「無過失補償制度」を取り入れた。すなわち、フランスでは、過失責任主義を維持して、医療機関に過失がある場合には「賠償」を行わせ、一方、医療機関等に過失がなかったにもかかわらず医療を原因として被害が生じた場合には、「補償」を行うとしたのである。このため、医療者・医療機関には賠償責任保険を強制して、CRCI（地方医療事故損害賠償・調停委員会）という組織による過失判断・調停を行わせ、一方、医療機関等に過失がないと判断された場合はONIAM（国立医療事故補償公社）が補償を行うとされた。なお、医療機関等がCRCIの判断を受け入れず、過失を争う場合も、ONIAMは先に被害者への補償を行い、過失が確定した場合にONIAMから医療機関への求償がなされるとして、過失に争いがある場合も、被害者への救済は迅速になされることとしている。

(3)　まとめ

以上のことから、医療事故の補償・制度のあり方（パターン）としては、①裁判による賠償制度、②裁判を前提とした当事者の示談制度、③裁判外の機関による調停制度、④過失の有無にかかわらず補償がされる無過失補償制度、⑤過失がないことを要件とした無過失補償制度がありうる。また、無過失補償と過失責任は両立するものであって、一応別次元で考えられることがわかる。

3　検討──いくつかの論点──

(1)　医療事故補償制度の必要性とわが国の議論の特殊性

以上をもとに、検討すべき論点をまとめると、以下の通りとなろう。

まず、わが国では医療事故補償制度の議論が、一九九九年の「医療安全元年」以降、医療安全、報告制度へとシフトし、二〇一五年に医療事故調査制度が成立した。しかも、同制度は、医師法二一条への対応を意識したものであったことから、医療事故死のみが対象とされており、いまだ不十分なものである。そして、当初の目的であった医療事故補償制度は、わが国ではいまだ完成しておらず、パターンの違いはあれ、医療事故補償制度を実現している先進的な各国制度と比べても立ち遅れている感がある。このため、今後もなお、補償制度に関する議論は進めて行くことが必要である。

一方、わが国では、補償制度の議論が後に医療安全の議論へとシフトしたという経緯から、現在では、医療事故補償の議論と医療安全の議論どちらも意識されており、補償と調査・安全は、「車の両輪」とすべきとの認識が共有されるようになった。このような認識は、諸外国には存在しておらず、わが国に特殊なものであるが、その考え方自体は、最も先進的な目標を掲げるものであって、評価すべきであろう。

(2) 無過失補償制度はなぜ必要か

また、わが国では、医療事故に関しては、とりわけ「無過失補償」が必要であると主張されることが多い。これは、何より、医療事故被害者の迅速な救済を実現するためには、過失を問わずに救済を行うのが望ましいからであり、また、救済のために医療者の過失が要件とされるとすると、被害者にとってはその立証が困難であったり、医療者と患者との間に「加害者」と「被害者」という対立関係を構造的に生じさせたりするとの問題点も生じるからである。

(3) どのような無過失制度が必要なのか

ただ、各国の制度に基づく補償制度の「あり方」から見ても、「無過失補償」とは「過失を問わずに補償する」制度に限られるわけではない。フランスが無過失補償制度を導入した際、それまで他国で存在していた「過失を問わない無過失補償制度」ではなく、「無過失を要件とする無過失補償制度」を採用したことにも見られるように、わが国で無過失補償制度を導入するとした場合にも、どの無過失補償制度を採用するかは大きな論点となる。

そして、そのことを検討する際には、わが国の議論において、補償と調査・安全が「車の両輪」であるべきとの認識が共有されていることも意識されるべきであろう。補償制度が、被害者救済だけでなく、医療安全に資することも目的とされる場合、そのことは補償制度のあり方およびその要件にもかかわるからである。ただ、同時にその目的のために被害者の迅速な救済が妨げられることがあってはならないため、その点の留意も必要である。

4　若干の私見―「無過失補償」の方向性―

そこで、若干の私見を示したい。

(1)　無過失補償は必要であること

まず、これまでのわが国の多くの議論が示してきたように、医療事故の無過失補償制度は今後もその実現を目指して検討がなされるべきと思われる。その理由は、前記**3**(2)で示した通りである。

(2)　事故のレビューは必要であること

ただ、問題となるのは、いかなる「無過失補償」が目指されるべきかである。この点、「無過失補償」が、事故原因や行われた医療の適否を判断しないまま、無条件に補償を行うというものであるなら、補償と調査・安全が「車の両輪」であるべきとする、わが国でこれまでの共有されてきた認識にも反する。このため、「車の両輪」の観点から、事故防止・医療安全の側面からの調査は必須であり、実際、わが国では「医療事故調査制度」として、その一部が既に実現している。とはいえ、その調査が法的責任と直接結びつくとするなら、適切な原因究明を妨げる可能性も考えられるため、事故や行われた医療のレビューは、法的責任とは別の見地から行われることが必要であろう。

(3) 「車の両輪」のために

このように、わが国における医療事故補償制度は、医療安全・事故防止のための「調査」と、被害者救済のための「補償」を組み合わせることが目指されるべきである。しかし、この両者は本来別目的の別制度であるから、その組み合わせ方は決して簡単ではない。そこで、調査と補償とが互いにインセンティブになるような「制度」を、「工夫」して構築することが求められている。

(4) わが国における医薬品副作用被害救済制度とそこからのヒント

この点、筆者がそのような制度のヒントとなると考えているのが、わが国の医薬品副作用被害救済制度である。

医薬品副作用被害救済制度は、一九八〇年に、当時社会問題となったスモン事件をきっかけに成立した。医薬品は、副作用リスクを完全に排除できず、一定の割合で副作用被害が生じることが避けられない。そこで、そのことを認めたうえで、実現したリスクの迅速な救済を実現するために作られたのが本制度である。

同制度は、サードパーティー型の保険的仕組みを取り入れ、保険料に該当する拠出金は製薬会社の「社会的責任」に基づき拠出される。しかし、通常のサードパーティー型保険である賠償責任保険と異なり、保険金給付に当たる救済給付は、医薬品により健康被害が生じ、その医薬品の使用が適正であったこと（「適正使用」）が要件として行われる。言い換えれば、医療者等に過失があれば救済がなされず、「誰も悪くない」からこそ救済がなされるのが、同制度である。

同制度においては、「誰も悪くない」場合に救済がなされるため、被害者救済のために性善説的な判断が行われやすく、これは裁判と全く異なる。医療者としても、自らの担当した患者に副作用被害が生じた際には、患者の救済のために、本制度への申請に協力し、情報を積極的に開示することが促される。また、同制度は、医薬品の副作用リスクを公示する役割も果たしており、その存在によって、医薬品の副作用リスクを国民が受容するための仕組みともなっている。そして、不適正使用が多く生じた際にも、これを製薬会社に伝えて、添付文書等に反映することも行われており、補償をインセンティブとして集めた副作用事故情報を、事故防止に役立てる取り組みも行われている。

そこで、同制度をヒントに、これと同様の仕組みを医療事故一般にも構築できないかというのが、ここでの示唆である。

(5) 課題

もっとも、同様の仕組みを医療事故一般に取り入れるためには、次のような課題がある。まず、医薬品副作用事故と異なり、一般の医療事故においては、常に「薬」があるわけではない。医薬品副作用被害の場合は、誰も悪くなくとも、リスクの存在が認められている「薬」により被害が生じたとの理解が可能であるが、そうでない医療事故において「誰も悪くない」との判定がどの程度できるかという難しさがある。また、現実的には財源をどうするかが最大の問題である。医薬品副作用被害救済制度においては、スモン事件という大事件を契機に、「製薬会社の社会的責任」を説いて製薬会社に拠出金を出させることに成功したが、医療事故全般で、現在、同様の条件が満たされているとは言えない。

この点については、方向性としては、個人ではなくシステムの問題に着目し、システム管理者に社会的責任を認める（それによって個人は救う）ことにより、ある程度の解決は可能ではないかとも思われる。しかし、むろん、それですべて解決ができるとは言えないため、今後検討は必要であろう。

5 リスク社会における法および制度

(1) リスク社会におけるガバナンス

以上において、医薬品・医療事故における被害者救済のあり方について検討してきたが、最後に、本寄付講座の総合テーマである「危機管理とグローバルガバナンス」との関連で示唆される論点についてもまとめておく。

現代は、リスク社会と言われ、自然現象、科学技術の発展、ネットワーク社会、高齢化社会等、様々な要素による増大しつつあるリスクの実現にどう対応するかが大きな課題となっている。これらリスクは、人々の生活が便利となり、豊かとなるための社会の発展に伴って増大しているという側面があり、現代社会の豊かさ・便利さと表裏のものでもある。

このため、現代社会においては、豊かさとともに増大するリスクを目前に、「安心」をいかに実現するかが大きな課題となっており、かつて「富の分配」が社会や制度における重要な課題であったところ、現代においては、リスクをいかに管理するかが課題となっている。このため、現代の社会は、リスクの排除ではなくその抑制を目標とし、一方で、リスクの実現が不可避的に生じた場合には、その適切な分配をいかに行うかが、関心事となる。

(2) リスク社会における法的注意義務のあり方

このような現代社会においては、法制度のうち、とりわけ不法行為制度もその役割を変容させつつある。すなわち、従来の制度の理論においては、社会的な悪である「損害」は、本来生じてはならないものであるため、加害者としては、その結果を回避すべきであり、回避が可能であればそのための措置をとらなかったことが過失であるとされ、そこに責任を負わせた。しかし、豊かで便利になると同時に複雑化した社会においては、我々はその恩恵を受けうる反面、そこに内在するリスクを完全に排除することはできず、稀ではあっても一定の被害が生じてしまうことは避けられない。そのような局面においては、法的にも、リスクの実現をできるだけ抑えるために最大限の措置をとることしか要求できなくなり、義務の内容が「結果回避」から「リスクの抑止」へと変容していくのである。

このことは、不法行為における注意義務が、「結果回避義務」から、「行為義務」的なものに移行していく流れと対応する。例えば、インターネット社会において、ネットバンキング、ネットによるクレジット決済等は、極めて便利で有益なものであるが、ハッキング等のリスクを完全に排除することはできない。そこで、ハッキング等を排除するための注意義務を無制限に高度化することはできず、結局、当時の技術などを踏まえた一定の基準の範囲にとどめざるを得ない（それでも生じた被害は保険による補償等で対応するしかない）。その結果、行政ルールや業界で定めたガイドラインなどのソフトローが、実質的には不法行為の基準を定めることになるなど、行政規範や自主規範と不法行為規範とが今後共同・混合していく可能性がある。

(3) リスクの実現と法的責任・補償および社会保障のありかた

また、このような動きは、リスクの実現により生じてしまった損害をどのように分配するかの考え方にも影響をもたらすであろう。すなわち、「誰も悪くない」にもかかわらず生じてしまった不可避的な損害については、誰にも責任を負わせることができないため、責任とは異なる補償のための制度論が必要となる。また、当事者に注意義務違反が認められる場合であっても、今後それが「リスク抑止」のための義務とされるようになると、その義務違反から生じた損害と行為者の義務違反とを直接結びつけて良いかは、検討の余地が生じるであろう。いずれにせよ、どのような制度が作られるべきかは、大変な難問であり、今後検討されるべきであるが、保険的な仕組みなどを用いながら、被害者の救済と、将来における事故防止、システムの安全性確保を目指して、補償や責任のあり方を考えるべきことになると思われる。

(4) 医療をモデルとしたリスク社会への対応について

このように、現代のリスク社会においては、「リスクの抑止」のための責任制度と、「リスクの受容」のための補償制度を念頭に、両者をうまく組み合わせ、構築する必要があると思われる。そしてその際、筆者が参考になると考えるのが、本稿でも示してきた、医療の分野でなされているリスク対応への議論である。

医療の分野では、「医療にリスクがある」ことを前提に、リスクが実現して事故が生じた場合の補償の議論、事故を分析して事故を予防し、医療安全につなげるための議論を意識的に行ってきた。また、医薬品副作用被害救済制度のように、両者をうまく組み合わせ、かつ、リスクの存在を公示して、社会におけるリスクの受容に寄与している制度も、既に存在している。むろん、医療は特殊な分野であるため、これら全てを全ての社会にそのまま適応することはできないが、リスク社会における法制度において、制度構築のために必要な要素や、そのヒントとなる仕組みとして、今後広く参照する価値はあるといえよう。そのような意味からも、医療における被害者救済と安全のための「車の両輪」のあり方は、今後さらに追及される必要がある。

（山口斉昭）

【参考文献】

山口斉昭「医薬品副作用被害救済制度が医療事故補償制度の構想に与える示唆について」『日本法学』八〇巻三号、二〇三頁。

川村仁子（かわむら・さとこ）第8章担当
立命館大学国際関係学部教授

山口斉昭（やまぐち・なりあき）第9章担当
早稲田大学法学学術院教授

【著者紹介】

杉村豪一（すぎむら・こういち）第1章担当
常葉大学法学部准教授

Sebastian Maslow（セバスティアン・マスロー）第2章担当
仙台白百合女子大学人間学部専任講師

平川　均（ひらかわ・ひとし）第3章担当
名古屋大学名誉教授

阿部郁男（あべ・いくお）第4章担当
常葉大学社会環境学部教授

今村文彦（いまむら・ふみひこ）第5章担当
東北大学災害科学国際研究所教授

峯川浩子（みねかわ・ひろこ）はしがき・第6章担当、編者
常葉大学法学部教授

志賀典之（しが・のりゆき）第7章担当
追手門学院大学法学部准教授

危機管理とグローバル・ガバナンス

■発　行——2024年3月15日初版第1刷

■編著者——峯川浩子

■発行者——中山元春

〒101－0048東京都千代田区神田司町2－5
電話03－3293－0556　FAX03－3293－0557
http://www.ashi.co.jp

■発行所——株式会社芦書房

■組　版——ニッタプリントサービス

■印刷・製本——モリモト印刷

©2024 Hiroko Minekawa

本書の一部あるいは全部の無断複写，複製
(コピー)は法律で認められた場合をのぞき
著作者・出版社の権利の侵害になります。

ISBN978-4-7556-1331-9 C0031